お金から自由になれる
「長期投資」の鉄則

誠実な投資

なかのアセットマネジメント代表
中野晴啓
Haruhiro Nakano

徳間書店

誠実な投資　お金から自由になれる「長期投資」の鉄則

はじめに　なぜ、私たちは投資をするべきなのか

日本の未来を救う手立ては、「素敵な会社に長期間投資すること」

今後、収入が増える見込みがない。

年金制度もままならず、老後資金が不安だ。

いまの日本社会に対して、そんな想いを抱き、希望が持てない人は決して少なくないでしょう。

しかし、そんな将来の不安を取り除く手立てがひとつだけあります。

それは、「投資をすること」です。

投資を通じて、あなた自身の人生の不安は軽減されるし、何より、これから自分が生きる日本の未来を、より良いものにできるのです。

今後、あなたが投資をするかしないかで、日本の未来は大きく変わっていきます。もっと言えば、世界各国から取り残された日本の経済が、もう一度、活力を取り戻すには、日本にいる一人ひとりが投資をする手段しか残されていないとすら言えます。

「たった一人の行動で、日本経済が良くなるわけがない」と考える方も多いでしょう。でも、そんなことはありません。

みなさんは「投資」をどんなものだと捉えているでしょうか?

たいていの人が「株などの投資商品を安く買って、高く売って、儲ける行為」だと答えます。

しかし、投資の原則とは「素敵な会社を応援し、より豊かな未来を実現すること」です。

きれいごとに聞こえるかもしれませんが、素敵な会社は、社会の人々を素敵な気持ちにさせる存在です。仮にいまはまだ利益が十分には出ていなくても、将来的に新しい価値を生み出す素敵な会社を探し、その会社の株式を購入することで事業資金を提供し、より良い未来を作ることが、投資の本質だと私は確信しています。

もし一人でも多くの人がこの考えに共感して、意思を込めて「このお金を使って、良い未来を作ってほしい」と素敵な会社に資金を提供していったなら。そして、その想いを素敵な会社が受け止め、素敵な成果を出したなら。

その会社の価値は上がり、社会は豊かになるでしょう。投資した人には、利益の一部から配当金も出るし、株価も上がるなどして、きちんと目に見えるリターンもあるので、老後はもちろん、日々の生活は金銭的に豊かなものになり、お金の不安も取り除かれるはず。

新たに生まれた技術や製品、サービスが高品質なものであればあるほどに、日本だけではなく世界中の人が欲しがるので、日本の経済を盛り上げる一因にもなります。そして、世界で日本経済が再び大きな存在感を持てば、私たちの生活はもっと豊かになるし、社会全体はもっと希望にあふれたものに変化します。

「自分のための投資」では、人生は貧しくなるだけ

冒頭から「自分の投資が日本社会を救う」という壮大すぎる話をされて、びっくりされた方もいるかもしれません。

ただ、これが投資の本質です。

もちろん「投資は、自分の老後や生活を守るためにするもの」と考えて間違いではありませんが、本来の投資とは、利他の想いも込めた社会貢献にもつながるものだと知っていただきたいのです。

むしろ、「自分だけが豊かになれば良い」という想いの上で投資をするようでは、結

果的には自分の人生を貧しくするだけです。

むしろ、大局的見地で社会全体を考えた投資こそが、自分自身を豊かにすることにつながるのです。

2006年にセゾン投信という投資信託運用会社を立ち上げて以来、私は、何万人ものお客様にそんな投資の本質を伝え続けてきました。

「この人たちになら安心してお金を預けられる」と思うファンドにお金を託し、そのファンドが厳選した素敵な会社に長期投資する。その資金が素敵な会社の成長を促進し、社会を豊かにし、資金提供した顧客にも巡り巡って戻ってくる。

そんなお金の循環があるからこそ、社会は発展させられるし、自分たちも豊かになれる。

その想いに賛同してくださった方々のおかげで、私が代表を務めたセゾン投信の運用資産総額は約6000億円、顧客数は約15万人を突破しました。「直販」という販売スタイルを取る投資信託としては「奇跡のような出来事」と称され、私自身も「長期投資の伝道師」「つみたて王子」という異名をつけていただき、メディアなどに取り上げてもらう機会も増えました。

セゾン投信の会長を退任した現在では、新たに資産運用会社として「なかのアセットマネジメント」を立ち上げ、より多くのお客様に投資によって不安のない人生を送っていただくために、日本経済、ひいては世界経済を盛り上げる投資先を選び、運用を行っていきます。


本書で提案するのは、私が長年にわたって運用を行う上で確信した「投資を通じて、豊かで不安のない生活や素敵な未来を実現するための方法」です。

この本を読み終わった頃には、「自分のことだけを考えた投資」ではなく、「社会全体が幸せになる投資」の重要性をよくわかっていただけることと思います。

この本が、ぜひ投資の本質を考え直していただくきっかけになり、より多くの人にとって素敵な未来を作り上げる転機となることを、心から願っています。

◎誠実な投資　お金から自由になれる「長期投資」の鉄則　目次

第1章　将来に不安がある人ほど、長期投資をするべき理由

第2章　長期投資をするなら投資信託が良い理由

第3章 私が、長期積立投資ファンドを作った理由

第4章 新NISAで投資信託を買うなら？

第5章 インフレ時代を生き抜く、良いアクティブファンドの選び方

第6章 積立投資を始める前に、導入するべき日頃の習慣

第7章 投資家マインドを持つことで、自分も社会も豊かになる

第1章

将来に不安がある人ほど、長期投資をするべき理由

投資をしないと、私たちはどうなるか？

２０２３年時点での日本の人口は、１億２２４２万人だと発表されています。

そして、残念ながら、この人口は直近14年間にわたって、減少し続けています。

厚生労働省の「将来推計人口（令和５年推計）」によれば、２０２０年には1億２６１５万人だった人口は、いまから約45年後の２０７０年には現在の約３割減となる８７００万人になるとの推計が出されています。

現在より３割近い人口の減少は、日本経済にどのような影響を及ぼすのでしょうか。

消費人口が減れば、国内需要も下がり、産業も停滞します。納税者が減り、税収や社会保険料の収益が減ることで、水道、ガス、電気といった社会インフラや医療体制などを現在のレベルで保つことも難しくなるはずです。地方はもちろん都心でも、道路などの整備もなされず、公共交通機関の運営も支えきれなくなるでしょう。

人口が減少すれば、年金財政の悪化も免れません。すでに2000年の法律改正で、満額支給開始年齢が60歳から65歳に引き上げられた上、2023年4月からは繰下げ受給の上限年齢も70歳から75歳に引き上げられるなど、現状はますます変化しています。

日本という国が滅亡しない限りは、年金がもらえなくなることはないでしょうが、年金制度を支える国民が少なくなれば、将来的な受給年齢の遅れや年金額自体の減額がさらに進む可能性があります。従来のように年金だけに頼った生活を想定していると、老後生活が破綻しかねません。

いま20歳の人が65歳で定年退職する2069年頃の日本では、そんな破滅的な未来が現実になっているかもしれません。

終身雇用や年功序列制度がまかりとおっていた時代の日本では、会社員として働いていれば、引退した後は優雅な年金暮らしが約束されていました。ところが、ここ十数年の間に環境は大きく変化し、給与も上がりません。世界有数の大企業であるトヨタ自動車の代表である豊田章男社長（当時）ですら「終身雇用を守ることは難しい」（201

9年）と発言しているように、一生涯同じ会社で安泰に働くことが難しい時代になりつつあります。

「預金が安心」の時代は終わった。投資で資産を守ろう

そんな時代において、より一層大切になってくるのが、投資によって自分の資産を増やしていくことです。

現在、みなさんは自分の資産をどうやって管理しているでしょうか？

日本銀行調査統計局が2023年に発表した「資金循環の日米欧比較」内の「家計の金融資産構成」によれば、日本の資産のうち、預金・現金の比率は54・2％です。つまり、日本の資産の大半は、投資などには回されず、銀行などに預けっぱなしにされているということ。

諸外国と比べても、日本は投資を嫌がる傾向が強く、アメリカの金融資産における現

資金循環の日米欧比較 日本銀行調査統計局（2023年８月25日）参照

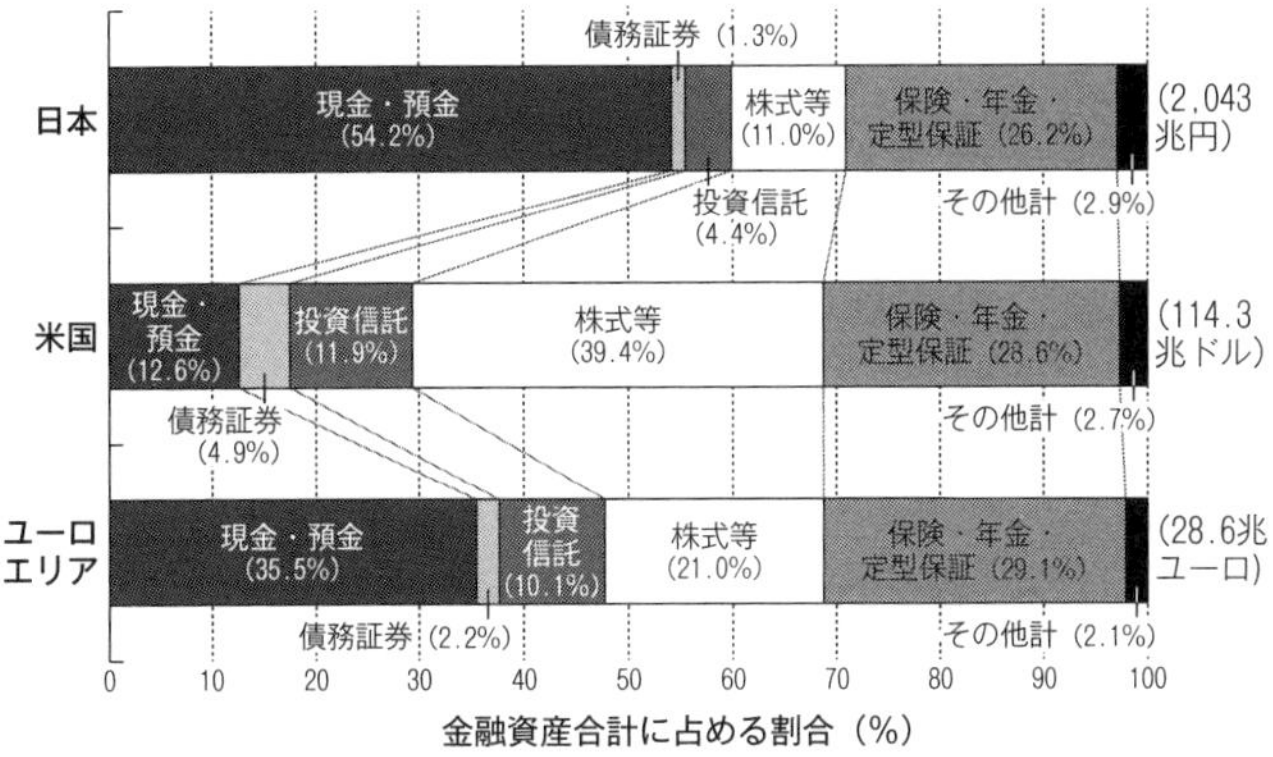

※「その他計」は、金融資産合計から、「現金・預金」、「債務証券」、「投資信託」、「株式等」、「保険・年金・定型保証」を控除した残差。

金・預金保有率の12・6%、ユーロエリアの35・5%よりも、預金の割合がかなり高いことがわかります。

「投資をするとお金が減ってしまう」

「老後資金を減らしたくないから、銀行にお金は預けっぱなしが良い」

との想いから、投資には一切手を出さず、かたくなに銀行預金を選び続ける人もいます。

銀行に預けていれば、安全安心。

その考え方は、数十年前であれば通用したかもしれません。でも、近年の日本は、その考えを改めねば資産は守れない状況に直面しています。

インフレ時代の預金は、資産の価値減少に直結する

銀行に資産を預けるだけでは安心できない一番の理由は、商品の価格が上がるインフレ傾向が続いていることでしょう。これまで、日本は長らくゼロ成長が続いており、モノの値段が上がらない現象「デフレ」の期間が長く続いていました。

デフレの時代であれば、今日100円だった商品が、1年後も100円以下で買えることになり、お金の購買力は上がります。

しかし、現在は世界的に、モノの値段が上がるインフレ傾向へと変わりつつあります。実際、日本全国の世帯が購入する製品やサービスの平均的な価格がどのくらい変動したかを測定する「消費者物価指数」は、前年同月比で3%近く上昇しています。

特にこの1~2年の商品の値上がりはすさまじく、食品などの価格を見ても、昨年100円だったものが1・5倍値上げされ、今年は150円になっている……なんてこと

も多々ありました。今後は、今日100円だった商品が、1年後には200円くらいになっている可能性もないとは言えません。

インフレが進めば、その分だけお金の価値も減ってしまう。いままでと同じように銀行にお金を預けておくだけでは、資産の額面自体は変わらずとも、その価値は相対的に下がる。

つまり、資産を運用しないままでは、大切に築いた資産そのものを減らすことに直結してしまうのです。

なぜ、昔は「銀行に預けていればOK」だったのか

インフレ時代の資産防衛策は、金利を上手に使いこなすことです。仮に銀行に預金をしても、それに見合うだけの金利、すなわち利子があれば、インフレに大きく負けることはありません。

たとえば、現在、アメリカの銀行の短期金利は5％ほど。一方、2023年のインフレ率は3％前後です。銀行預金を続けているだけでも、資産は年間2％増えていく。金利のおかげで資産は防衛できるわけです。

数十年前までは、日本でも銀行金利は高かったので、インフレ時代であっても、資産を銀行に預けることに意味がありました。たとえば、1990年12月末、銀行金利は年間6・08％だったので、仮に100万円を預ければ6万円近い利子がついたのです。

しかし、**現在は低金利の時代です。銀行にお金を預けても0・02〜0・03％前後の利子しかつきません。100万円を預けても、年間200円か300円の利子しか発生しない。それでは、ちっともインフレ対策にはなりません。**

では、日本のように経済が弱い国で、過剰なインフレが起こるとどうなるか。具体的に過去の事例を紐解《ひもと》いていきましょう。

1980年代後半から1990年代前半のブラジルでは、財政赤字と公的債務残高が拡大し、大量の紙幣が増刷されたことがあります。その結果、市場には大量のお金が出

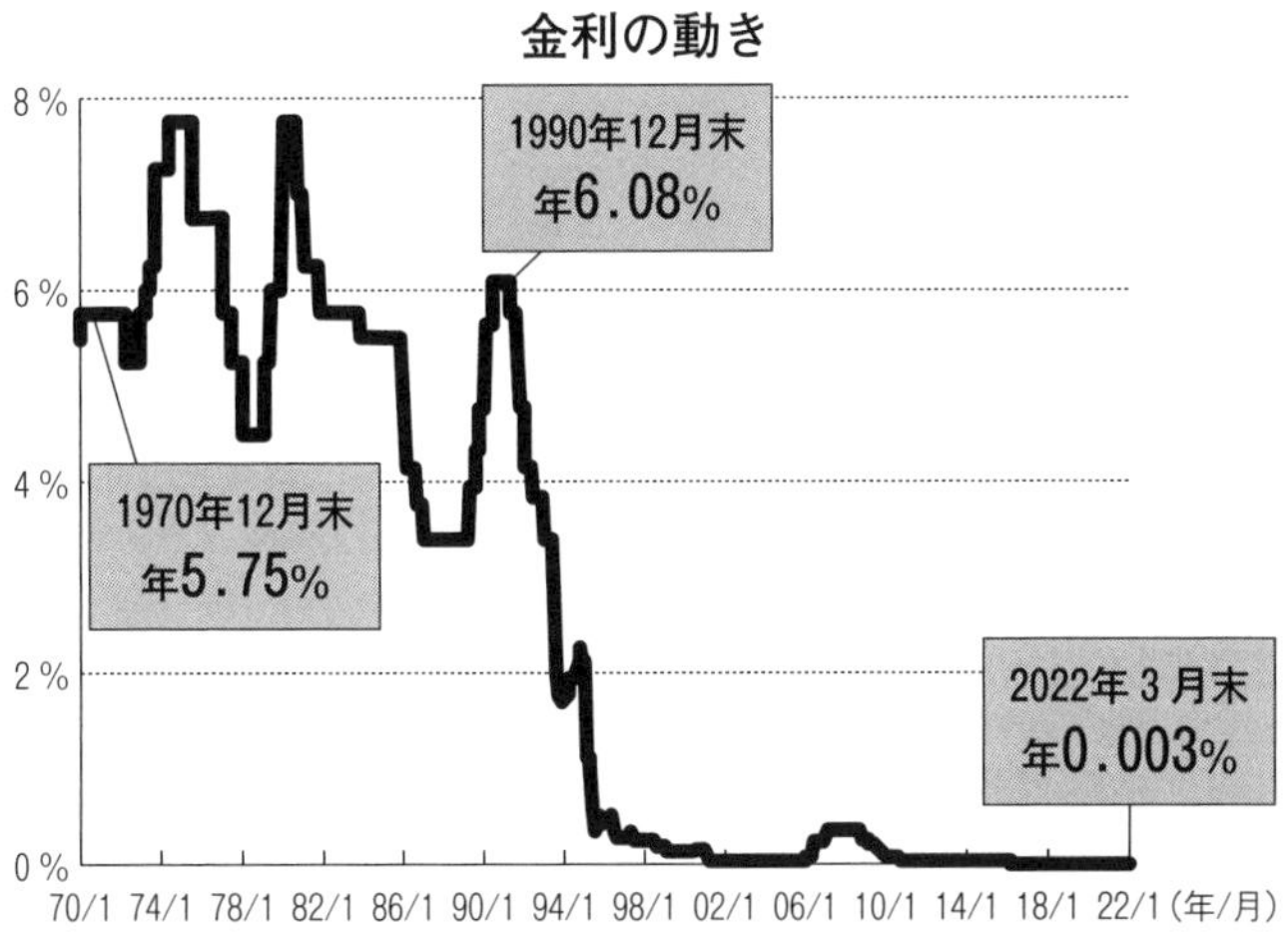

回り、年間約2500%の物価上昇率を記録するハイパーインフレが起こりました。これだけのインフレが起こると、給与アップ程度では到底追いつきません。

その際、ブラジル国民が取った行動は、給料をもらったその日にスーパーに駆け込んで食べ物を購入するというもの。前代未聞のインフレなので、明日になれば、牛乳やパン、肉など生活必需品の値段が倍になっているかもしれない。だから、一刻も早く現金をモノに換える選択を取ったのです。これは極端な事例かもしれませんが、日本でもインフレ前提社会はすでに始まっています。

銀行に資産を預け続ければ、10年後には資産の3割が減る？

仮に、現在のように物価上昇率が3％程度を維持し、銀行金利がほぼ0％の状態で銀行に預金を続けた場合、資産価値は今後10年間で30％目減りします。

現在、3000万円の貯金が、10年後、その実質的な価値は2100万円程度になってしまう。いざ数値にすると、どれだけ大変なことか、よくわかるのではないでしょうか。

本来、インフレになったら金利を上げるべきなのに、現在の日本では経済実態に即して金利を上げることができません。なぜ上げられないのか。その理由は、長らくゼロ成長が続いた日本で、いま金利を無理やり上げると、経済が壊れてしまうからです。

これまでの日本は、とにかく金利が低かったので、低金利のローンを使って家や車を買う人や、事業に必要な融資を受ける会社がたくさんありました。

仮にいま金利を上げたなら、利子の返済額も上がるので、返済がおぼつかなくなる人が大発生してしまいます。特に問題なのは、一般向けの住宅ローンです。多くの人は変動金利でローンを組んでいるので、住宅ローンが返済できずに困り、路頭に迷う人が続出するでしょう。

そんな事情から、今後、日本の景気が良くなって、給与などがインフレ率を大幅に上回るまでは、金利は上げられないのです。

「資金ができてから」ではなく、投資はいますぐ始めるべき

預金しても利子がつかないので、銀行に預けても、インフレには対抗できない。では、どうしたら良いのか。

その対策となるのが、銀行預金する代わりに、インフレに負けない実物資産を手に入れることです。

実物資産とは、土地や建物などの不動産、株式や投資信託などの金融資産、金銀などの貴金属や宝石、アートなどの芸術品など、それ自体が価値を持つ資産を意味します。そして、実物資産の代表格といえば、株式です。株式を保育するということは、株券を通じて企業の持ち分を所有することであり、無論会社は立派な実物資産だとわかるはずです。

「でも、株式投資をするなら、最低でも100万円くらいは必要ではないか」
「お金を貯めている段階なので、まだ投資するほどの余裕はない」

投資セミナーなどで、いろんな方とお話をしていると、そんな悩みを聞く機会も少なくありません。

そんなとき、私は「むしろお金がない人ほど、いますぐ投資を始めるべきですよ」とアドバイスしています。資産というものは時間を有効活用することで、大きく増やすことができるからです。

持って生まれた財産は人によって違います。でも、時間だけは誰にとっても同じだけ配分されています。

時間をうまく活用して、大きな資産を作り上げられるのが、できるだけ長い期間投資を行う「長期投資」の存在です。

資産運用には、時間を味方につける「複利」という考え方があります。これは、預けたお金に利子がつき、その利子が元本に組み込まれることで、より大きな利子を生み出す効果があります。

たとえば、100万円を持っている人が、1年間その100万円を年利2％で運用した場合、1年後には資産額は102万円になります。さらに1年間、その資産を同じ年利で運用したなら、102万円の元本に対して年利2％がつくので、資産額は104万400円になります。利子によって増えた元金を年々積み重ねて、さらに利子を増やす複利の力を活用すれば、より効率的に資産を増やすことができるのです。

さらに、2024年から始まった新NISA制度の開始をはじめ、投資のハードルは年々下がっています。ネット証券などを介すると取引手数料も安いですし、投資に投じる金額も、100円くらいから可能です。

だから、「お金がないから投資を始められない」という悩みは、まったく的外れです。

事実、「お金が貯まったら投資する」という人ほど、いつまでも貯蓄が増えず、結局はずるずると投資を先延ばしにしてしまいがちです。ですが、元手が少ない人ほど「時間」を味方につける長期投資を、どれだけ早く始められるかが肝心です。

たしかに証券口座の開設や申請書の作成、入金など、最初の手続きは面倒かもしれませんが、そのアクションを取るかどうかで、ご自身の資産状況は大きく変わります。

お金がないから投資を始められないのではなく、お金がないからこそいますぐ投資をするべきだと意識を変えてほしいと思います。

長期投資は、今後数十年は「負けない投資」

投資を始めるにあたり、私がおすすめするのは、マーケットの時流に応じて商品を売り買いする短期投資ではなく、長い時間をかけて投資を続ける長期投資です。

マーケットの値動きで勝負する短期トレードを繰り返す限り、確率統計的にも損失可能性は大きくなりますが、世界に分散した長期投資については投資を長期的に続ければ続けるほど、合理的に損失可能性を減らすことができると私は考えています。

世界経済は年間平均3％前後の成長を続けており、これから先もその成長軌道が相応に継続するとすれば、世界の株式市場は長期的にはその経済成長軌道に準拠して上昇するであろうと合理的に考えられるからです。

では、なぜ今後も世界経済は発展していくと予想できるのか。

その理由のひとつに、世界の人口の増加があります。

日本国内を見ると、経済成長できない状況が長く続いてきましたが、その要因のひとつに冒頭でご紹介したような人口減少があるのも否めません。人口減少社会では、計算上マクロでの個人消費も減少するので、経済成長を阻むことになります。

しかし、世界全体で見れば、人口は一貫して増加し続けています。世界人口白書によれば、2023年時点で、世界の人口は80億4500万人だと発表されています。国連が発表する「世界人口の推移」によれば、2050年の推計では、97億人にまで増えると予想され、その人口は2080年代までは増え続けるといわれています。

この世に生まれ落ちる人間が増え、彼らが欲望を持ち続ける限り、経済は成長し続けます。それは、戦後の高度経済成長期に、日本人が「少しでも良い生活をしたい」「幸せになりたい」とのモチベーションを持ったことで、経済が急激に発展したことを見ても、よくわかるのではないでしょうか。

2080年までの50~60年間にわたって、世界経済が成長を続けるのであれば、その成長軌道を捉えて投資をし、時間が経つのを待てば、いつしか資産は増えているということ。

短期的なマーケットでの利ザヤを稼ごうとするのではなく、20年、30年、40年という時間を味方につけて、お金を育てていく意識を持てば、誰でも資産を形成できるはずなのです。

投資先進国・アメリカの「4％ルール」とは

長期投資を考える上で参考になるのが、**投資先進国であるアメリカでよく引き合いに出される「4％ルール」です。**

これは、仮に自分の資産を長期投資した場合、その資産額の4％以内に毎年の生活費を収めることができれば、元本を減らさずに済むというルール。

4％という数字は、株式市場の期待リターン平均7％に対して、インフレ率平均3％

と仮定しマイナスして算出された数値でもあり、世界経済をトレースする国際分散投資を考えるときの世界経済成長軌道の範疇《はんちゅう》と考えることもできて、長期投資のメリットを活用する上では非常に参考になると思います。

もちろん、投資商品は市場によって価格が左右されるものですし、今後の世界経済が安定的に成長するとは限りません。国際通貨基金（ＩＭＦ）の予測によれば、現在平均４％といわれる世界経済の成長率が、今後３％前後に鈍化する可能性があるともいわれています。

でも、仮に年利３％で運用した場合、どのくらいの金額になるのでしょうか。金融庁の資産運用シミュレーションで概算値を見てみると、毎月5万円を想定利回り３％で20年間複利で積み立てると、元金１２００万円の最終積立金額は１６４１万５１００円になります。同様の条件で30年間積み立てると、元金１８００万円が２９１３万６８４４円にまで増えてくれます（数値は年一回の複利計算の上、小数点以下を四捨五入して計算）。

インフレ率は考慮してないとはいえ、これだけの金額を手に入れることができたのならば、老後資金としては決して不安を抱かずに済むはずです。もし、あなたが世界経済の成長を得心できるのなら、その可能性にお金を託してみるべきではないでしょうか。

新NISAの追い風を受けて、いまこそ投資を始めよう

投資を始めるのに、遅すぎることはありません。特に、近年追い風となっているのが、**日本政府が盛んに「貯蓄から投資へ」というメッセージとともに発信を続けている、新NISA制度の存在です。**

私自身も2024年から始まった新NISAの制度作りに携わった一人ですが、制度設計する上で特に意識したのが、**「一般の方が堅実に資産を作ること」**です。

まず、新旧NISA制度の最も注目するべき点は、NISA口座で購入した投資商品に関しては、仮に配当金、譲渡益などの利益が出たとしても、税金が免除される点です。

本来、金融商品で得た利益は、税金で20・315％（所得税15・315％、地方税5％）が差し引かれます。仮に投資で1万円の利益が出た場合、2031円が税金として差し引かれ、手元には7969円しか残らない計算になります。でも、NISA制度を使った場合は、仮に投資を通じて1万円の利益が出たなら、1万円がそのまま自分の資産になります。

つまり、得られた利益がすべて自分のものになるのです。

新NISAは非課税枠の保有限度額が1800万円にまで拡大された上、保有期間なども大幅に変わるなど、元手がない一般の方にとって非常にアドバンテージのある制度です。この制度を利用して投資を行い、少なくとも年率4～5％程度の利回りを得られれば、年間2～3％といわれるインフレのリスクヘッジにもなるはずです。

お金がない人の最大の味方は「長期積立投資」

長期投資は、現在の豊かさを手に入れるのではなく、将来の自分が老後を過ごす上で必要な資金を作る手段でもあります。

高齢化社会が進む中、「生涯現役」という言葉も叫ばれますが、現代医療の進歩に鑑《かんが》みても、きちんとムリなく働けるのはせいぜい70代まででしょう。70代以降で働かなくなった自分に向けて、いま現役のうちに少しずつ時間をかけて仕送りしていく。それが、長期資産形成の考え方です。

それにもかかわらず、「いまの生活がギリギリだから」といま稼いだ分をすべて使ってしまっては仕方がありません。それは、自分で未来を悲惨にするのと同じことです。

周囲を見ていると、若い人ほど「もう少し自分の人生に余裕ができてから投資をしよう」と思いがちです。

ですが、資産形成は時間を味方につけた方が効果を発揮します。積立投資なら、元手がなくてもできるのですから、いますぐ始めてください。

若ければ若いうちに、もっと言えば、この本を読んでいる方のすべてが、今日からでも、資産形成を始めてほしいです。なぜなら、人生では「今日」という日が一番若いのですから。

一方、年配の方だからといって、長期投資の必要性がないわけではありません。

先日、70代くらいの方とお話をしていたら、「どうせ80代くらいまでしか生きないのだから、10年、20年先を見越した投資などやっていられない。それなら、いますぐに現金を増やしたい」とおっしゃる方もいらっしゃいました。

たしかに、20世紀の日本では投資をする必要がありませんでした。日本全体が高度経済成長期に入っていて、一生懸命働いていけば、給与は自然と上がり、生活は豊かになったからです。この時代を生きた人であれば、「投資なんて必要ない」と思うのは当然のことでしょう。

ただ、現在の日本では、自分が想定以上に長く生きる「長生きリスク」は必ず発生します。厚生労働省の「令和4年簡易生命表」を見ても、男性の4人に1人、女性の2人に1人が90歳まで生きる可能性があります。

人生100年時代といわれる中、仮に70代から投資を始めても、あと30年間の時間がある。そうなれば、立派に長期投資が成り立ちます。

自分がリタイアして収入がなくなっても、投資したお金は変わらず現役世代として元気に働き続け、人生を支えてくれる心強い存在です。

今後の未来を考えたとしても、資産は多いに越したことはないのです。

投資したお金は、基本的にはいつでも引き出すことが可能

投資というと、人は自分の手元からお金が離れていく感覚が強いのか「手持ち資金が

なくなるのが怖いから、投資ができない」と考える方もいます。

銀行に預ければ、いつでも自分の手元にお金がある気がするから安心できると思われがちですが、預金と投資は、基本的には預け先が違うだけで、本質的な性質は同じです。

なぜなら、銀行に預けたお金は、あなたに代わって銀行がどこかに融資をしているからです。銀行が融資に回すための資金調達手段が預金であり、預金は基本的に元本保証されていますが、その場合は、あなたのお金がどこに融資されるかは、銀行にすべてお任せするだけで、「この企業に融資してほしい」などと意見を言うことはできません。

一方、投資には選択の余地があります。たとえば、株式投資ならば自分が気になる会社に投資できるし、投資信託の場合は銀行の代わりに自分が信頼できるファンドにお金を託すことができます。

また、多くの方は投資したお金は自分の手を離れてしまうと誤解していますが、お金が必要になったらいつでも1万円単位で解約することができます。100万円預金して、必要になったら数万円ずつ引き出すのとなんら感覚は変わりません。だから、投資したお金にしても、必要なときに必要に応じて取り崩せば良いのです。

多くの人は「投機」を選ぶから失敗する

ここまで本書を読んで「よし、投資を始めてみよう！」と思われた方もいることでしょう。

でも、いまの日本にある投資商品は、一般の人が自分の資産をきちんと守り、安心して老後の資金を蓄えるには向いていない商品が多いのです。その中での大前提として押さえてほしいポイントが、「投機」と「投資」を取り違えないことです。

「投資」という言葉を聞いたとき、多くの人は、投資という行為は、株券や通貨を買い、その株価や為替が今後上がるのか下がるのかを当てるゲームだと思っています。

要するに多くの、みなさんが想像する「投資」は、実は「投機」です。

両者の違いについて、説明していきましょう。

まず、**「投資」とは、私たちのお金による経済活動への参加です。**

企業が発行する株式を購入した場合、その株券を発行するのと引き換えに、会社は資本調達をすることができます。

会社が得た資本は、企業の社長や幹部たちが豪遊するためのお金ではありません。そのお金が新たな商品を作る設備投資や人件費などに使われることで、より良い商品やサービスを生むことができます。

良い商品やサービスが生まれて企業が成長すれば、株価も上がるし、配当金も出るし、資金提供した投資家にもメリットが生まれます。また、社会に新たな価値をもたらす良い企業が生まれれば、社会の活性化にもつながり、一般人の生活にも良い影響を与えていきます。

ただ、重要なのは、こうした企業の事業活動の成果は、一朝一夕では生まれないという点です。ひとつの企業が新サービスや新商品を生み出し、それが社会に受け入れられ、普及していくまでには、長い年月が必要です。その期間に短期売買せず、長期にわたって企業を支援すること。それが、真の投資家の在り方だと私は考えています。

一方の**「投機」は「値上がりしそうなものを買って、値上がりしたときに売り、利ザヤを稼ぐ」という行為です。**

短期的には、数字を追いかける「投機」の方が、簡単に利益を得られるように感じるかもしれませんが、長期的に「投資」を行うことで、投資家に成長の果実が分配されるとともに、社会全体の豊かさにもつながります。

投機がギャンブルになるのは、マーケットは誰にも読めないから

投機を選んではいけない理由は、「市場の値動きは誰にも確実に当てられない以上、短期的な売買を狙うとギャンブルになってしまうから」です。

読者のみなさんの中には、すでに短期トレードでなんらかの利益を出していて、「そうはいっても自分は予測を当てて、大金を得たことがある！」とお考えの方もいるかもしれません。

ですが、言葉を選ばずに言えば、仮にご自身が予測した相場動向が当たったとしても、それはたまたまであり相場の上昇気流に偶然乗れただけかもしれません。

つまり再現性がないので、今後何十年にもわたって同じ手法で資産を増やすことは困難だと言えるでしょう。

事実、新聞やマネー雑誌、ネットニュースなどを見ていると、多くのエコノミストや経済学者、経済評論家といった専門家たちが景気の見通しを発表しています。

しかし、実際に、過去の見通しと現実の動向を見比べてみると、予想を当てる人よりも、外している人の方が多いことに気が付きます。もっと言えば、これまでにすべての景気動向を当てた経済評論家や学者は、誰もいないと私は思います。

1989年のバブル景気の頃、多くのエコノミストや経済評論家たちが「日経平均株価は10万円台まで上がるはずだ」と口にしました。35年が経過した現在、日経平均株価はようやく最高値を更新しました。それでも、10万円には程遠く、ようやく4万円を超えた程度です。

エコノミストや経済評論家たちは、経済のプロです。長年にわたってマーケットを観察してきた彼らですら、相場の動向を見誤ります。

彼らよりもさらに知識のない個人が景気やマーケットの行く末を予測したとしても、外すケースの方が圧倒的に多いのは当然のことでしょう。

目に見える「成功者」は、実はほんの一握りしかいない

マネー雑誌やネットの記事などを見ていると、「100万円で買った株券の株価が100倍になって1億円を稼いだ」「トレードを積み重ねて、たった数分で3億円を手に

した」などの、なんとも羨《うらや》ましいエピソードを目にすることがあります。

もちろん世の中には会社員として勤務する一方で地道に投資を行い、「億トレーダー」と呼ばれるような、株式やFXのトレードで1億円以上の資産を増やした人々も存在します。ただ、こうした成功者たちは、ごく一握り。しかも、珍しいからこそ、メディアなどに頻繁に取り上げられ、目につくだけです。

一部の「成功者」の裏側には、市場で大金を失ったり、破産したりした人々が、その何百倍も存在します。

短期トレードの世界は、基本的には「ゼロサム」のルールで動いています。

誰かが利益を得れば、その分誰かが損をする。短期トレードは言わば厳しいイス取りゲームなのです。

短期トレードをする人の10人に9人は失敗する

一度は短期トレードで億以上の資産を築き上げた人であっても、しばらくすると資産を失ってしまうケースも、決して少なくはありません。その理由は、短期トレードで資産を築いた人の多くは、成功体験があるからこそ、その世界から手を引くことができないからです。

マーケットの動きは、その時代の流れに大きく左右されます。景気循環が移り変わる中で、ときにはマーケットの環境が良好になり、誰が株を買っても上がるような絶好調なシーンが現れることがあります。ITバブルやアベノミクス景気、仮想通貨バブルなどがその典型例ですが、マーケットの上昇気流に偶然にも乗れた人は、資産を大きく増やすことができました。

その波に乗ったがゆえに、「自分は投資の才能がある」「また同じように大金を稼げるはずだ」と考え、短期トレードにハマってしまう人が少なくありません。

ただ、私自身が見てきた中でも、20年や30年というスパンで個人投資家を続けられる人は、本当にわずかです。有名な個人投資家といわれる人々の中にも、投資の上昇相場に乗ったことで資産を増やしたものの、リーマンショックやコロナショックなどによる大暴落によって、姿を消した人も少なくありません。

あくまで感覚値ではありますが、短期トレードを行う10人に9人は失敗します。しかも、残った1人にしても、最後は結局負けてしまう。プロのトレーダーであっても、生存年数は2〜3年程度です。

いま、手元にお金がないという人ほど、投機的な取引に頼り、「今日の1万円が10万円になる方法が知りたい」と思うでしょう。でも、残念ながら、そんな魔法はありません。

確実に資産を増やすなら、堅実に投資していくしかないのです。もし、今日の1万円を明日の10万円にしたいのならば、ギャンブルをするしかありません。しかも、負ける確率が圧倒的に高いギャンブルを。

どうしても投機的な短期トレードに興味があるという人は、あくまで余剰資金でやることをおすすめしますし、それに人生を懸けるようなことは絶対に避けるべきだと思います。

不確定な予想に時間を使うなら、目の前の仕事に注力を

投機的なトレードで成功するには、膨大な勉強量が必要になります。

その勉強に費やす時間を考えると、まだ20代から40代くらいの若い世代の方の場合は、プロのトレーダーを目指すわけでもないのであれば、不確かなマーケットの分析に時間をかけるよりは、目の前にある大切なことに時間を使ってほしいです。

20代から40代は、キャリア形成において非常に大切な時期です。この時期の頑張りが、

50代以降のキャリアに大きな影響を与えます。また、この世代は家庭を持つなどライフステージが変わっていく人も多い中、家族や趣味などのプライベートに時間を割きたいという人も少なくないでしょう。

経済の分析が大好きでライフワークにしたいという方でもなければ、ご自身の人生を豊かにするためにも、仕事や家庭などの大切なことに集中し、投資にかける時間は最小限にして、効率的に時間を使っても良いのではないかと思います。

その方が、長期的に見れば人生は豊かになるし、何より自分で稼ぐ力が上がり、資産形成には役立つはずです。

第2章

長期投資をするなら投資信託が良い理由

株やＦＸ、不動産、預金などの中から投資信託が選ばれる理由

短期での投機ではなく、長期にわたって投資を続けていくことが、確実に資産を作る大きなポイントだと前章ではお伝えしました。

では、どんな投資商品を選べば良いのか、迷われる方も多いのではないでしょうか。

冒頭から結論を述べてしまいますが、私がおすすめする投資は、長期で行う積立投資信託です。

そうはいっても、

「株やＦＸのような代表的な投資商品はどうなのか」

「不動産のように堅実なものに投資する方が儲かるのでは？」

「やっぱり定期預金で堅実に貯めるのが良い気がする」

などの想いを抱く方もいるかもしれません。

本章では、株やFX、不動産投資、定期預金、投資信託という5つの代表的な投資商品を例に挙げて、解説していきます。

その① 株式投資

▼投資の基本となるのは「株式投資」

株式投資は、投資の中でも最もスタンダードな投資法のひとつです。

株式投資の仕組みは、それぞれの企業が事業資金を集めるために株券を発行し、その株券を投資家が購入することで、企業に投資するというもの。企業側は集まった資金を元手にして自社の事業を拡大して、利益の拡大を目指します。その企業がきちんと成果を上げることができれば、利益は配当金や株価という形に反映され、投資家にも利益がもたらされます。

今後、長期的に成長していくであろう素敵な企業の株式を購入するのは、非常に理想的な投資手法の一環です。

ただ、同じ株式投資であっても、「いかに株が割安になっているか」にばかり注目し、株価を短期で売り買いするデイトレードのような株式投資については、本質的には投機と変わりません。

割安に感じられた株を買いにいくのは、一見合理的かもしれません。でも、良い企業を作るためには、1日、2日といった短期スパンでは成り立ちません。

デイトレードのように、日中に何度も株を売買して利ザヤを稼ぐ取引は、企業が生み出す新たな付加価値とはまったく無縁です。

▼会社勤めの一般人とプロでは向き合い方が違う

私自身は、よほどの株式マニアでない限りは、個人の方が自分で株式投資を行うのをおすすめしないもうひとつの理由があります。それは、数々の理由から、アマチュアはプロには絶対にかなわないからです。

まず、ひとつ目の理由として挙げられるのが「時間」でしょう。

本書を読んでくださっているみなさんは、おそらくは会社員や自営業の方など、なんらかのお仕事をされていて、お忙しい方が多いと思います。

もし、みなさんが個人で短期のトレードを行いたいと思うのであれば、仕事の時間帯にもパソコンの前で、チャートに張り付く覚悟が必要です。

日本の株式市場の場合、取引時間は午前9時から午後3時まで。この時間帯に、一刻ごとに移り変わる値動きに応じて、売買を行う必要があります。そうでなければ、短期トレードで利益を出すことはできません。

時間的制約に加えて、ハードルとなるのが「情報」です。

会社勤めの一般人の方とプロの投資家では、得られる情報量がまったく違います。プロの場合は、企業のファンダメンタルズをはじめとするリサーチ能力や、企業はもちろん関係団体周囲から事情をヒアリングする情報力もあります。

これらに鑑みると、日中の空き時間でしか投資ができないし、限られた情報にしかアクセスできない一般の方にとって、株式投資は非常に不利な投資方法だと言えるでしょう。

そして、もうひとつの理由は「緊張感」です。投資会社などに勤めている機関投資家は、投資に向き合う緊張感が大きく違います。

個人の投資家は、その資金源は基本的には自分が持っているので、仮にトレードがうまくいかなければ、途中でやめることもできます。

しかし、プロの投資家の場合は、多くの人から資金を託されており、数百億、数千億というお金を運用するのが仕事です。仮に相場が悪くても、自分から退場するわけにはいきません。

「いま相場の調子が悪いから」

「これだけの金額を運用できる自信がない」

などの理由で、運用をやめることができないのです。

仮に結果が出せず、顧客に充分な利益を出せなかった場合は、その投資家自身が仕事を失うことも起こり得ます。強いプレッシャーと戦いながらも、より良い結果を目指す。それが、プロの投資家が日々直面している現状であり、彼らの責任感や真剣味は一般人とは大きく違うと言えるでしょう。

もうひとつ、忘れてはならないのは、株式投資を行う人の義務について。

多くの株式投資家が忘れてしまいがちですが、株式を保有する以上、その会社がより良い会社になるため、きちんと企業動向を確認し、株主総会では議決権を行使する義務が発生します。

もしも、すべての投資家が物言わぬ株主になってしまえば、その会社の経営が間違った方向に行っていても、止めることはできません。会社の経営がおかしくなれば、当然、業績悪化を招くので、株価も下がり、せっかくの投資が価値を失ってしまいます。

多くの株式銘柄を保有する人ほど、その義務を怠りがちです。こうした投資家がどんどん増えてしまえば、日本の産業界は力を失ってしまうでしょう。

「投資した企業に対して、そこまで手間をかけられない」というのであれば、一般の方にとっては、株式投資は最善の投資方法ではないと考えます。

その②　ＦＸ

▼ＦＸは、売買価格の差で儲ける「投機」の最たるもの

前章で「投機」は良くないとお伝えしましたが、為替の値動きそのものに投資する「ＦＸ」などは、まさに投機の最たるもの。

ＦＸは、二カ国の間での通貨の交換比率である為替レートに応じて、通貨を売買する取引行為で、株式投資のように新しい価値が生まれるわけではありません。レートの動きを追いかけて、通貨を売買するこの行為は、投機であり、ギャンブルと変わりません。

せっかく自分の大切なお金を投じるのなら、社会の付加価値創造に寄与する対象にお金を投じたいと私は感じます。ゆえに、為替という単なる記号をやりとりするＦＸは、

損失可能性が極めて高いのみならず、まったく魅力を感じません。

▼暗号資産やコモディティなど、再現性のない投資はいずれ失敗する

この十数年の間に大きく市場が広がったビットコインなどの暗号資産、金などの貴金属、原油やゴム、大豆などのコモディティの売買も、FX同様、金融商品としては再現性のない「投機」だと言えます。

昨今は、暗号資産や金などの価格急騰が何かとニュースになりがちなので、「いま買っておいたら得をするのではないか」と思うかもしれません。ですが、価格が大幅に上がるということは、大幅に下がる可能性も十分に秘めています。

たとえば、ビットコインにしても、2021年11月には1BTCが約777万円という高値をつけましたが、2022年12月時点では約216万円にまで下落しています。2024年4月現在では、1014万円ほどの値段をつけていますが、たった1～2年

でそこまで大幅に値段が動く対象は、長期投資の対象としては向いていません。うまく売買できればと思うかもしれませんが、投資に慣れない人が初めからこんな値動きの激しい商品に手を出してしまうと、日夜値動きが気になって、仕事が手につかなくなってしまうでしょう。

「投機」は避けたい人に対しては、FX、暗号資産、コモディティなどの売買を、私はおすすめしません。

その③　不動産

▼サラリーマン大家は本当に「楽」なのか？

近年、30~50代のサラリーマンの間で、「不動産投資は、自分は何もせず、ほったらかしにしておいても、賃料という不労所得が手に入る」として話題を呼んでいます。

不動産自体は、たしかに私が考える長期投資の対象ではあります。ですが、不動産投資の中でも、現物のマンション投資は会社員にとってはかなりハードルが高いと考えています。


実は、私自身も、マンション投資をした経験があります。

当初は投資用として物件を購入したわけではなかったのですが、引っ越しする必要性が出たために、所有していた物件を賃貸に出すことを決めました。幸運なことに、その物件は大手企業の社宅として借り上げてもらえたため、その後も空室リスクなどにおびえることはありませんでした。

しかし、いざ賃貸を始めてみると、ローン返済以外にも様々な出費が重なることを知り、正直かなり驚きました。

たとえば、貸し出している部屋のエアコンが故障すれば「新しいものに交換してください」と居住者から連絡が入ります。当然ですが、新しいエアコンを買って、業者に設置を頼めば、それなりにお金もかかります。「だったら自宅のエアコンを換えたいのに……」という想いをぐっと飲みこみ、居住者のエアコンを交換したこともありました。

私の場合は1部屋しか持っていませんでしたが、複数の部屋を管理するとなると、その分、予定外の修繕や修理などにかかる出費も多くなります。

もちろんこれらの作業も不動産管理会社に頼んでしまうのが現実的であり、その管理費用も負担するとなれば、気が付けば家賃収入がほとんど相殺されてしまうことも。

「大家はほったらかしで良い」などという売り文句は、信じてはなりません。

▼空室や故障、老朽化。大家さんを巡るリスク

もうひとつ、気にしてほしいのが、空室リスクです。

多くの人は、手持ちのキャッシュで物件を購入するわけではありません。住宅ローン

などを組み、物件を購入し、家賃収入から物件購入費用を支払っています。

つまり、サラリーマン大家にとっては、家賃収入と住宅ローンの支払いの差額が収入となります。さらに言えば、いずれはローンを完済し、家賃収入を丸ごと受け取るのが理想形でしょう。

しかし、必ずしも、家賃収入と住宅ローンの元利金払いの差額がプラスになるという保証はありません。

どれだけ良い物件を持っていても、借りる人がいなければ家賃収入は入りません。仮にその物件の住宅ローンを返済中の人は、自腹で住宅ローンを支払わねばならず、負担が生活に重くのしかかってくることになります。

続いて考えるべきリスクは、「設備費」です。大家は自分の持っている物件を管理し、状態を保つ義務があります。かつての私のように居住者の部屋のエアコンが壊れれば、修理費用は大家が出さなければなりません。住宅ローンを払うのと同時にこれらの出費負担は、決して懐に優しいものではないでしょう。

そして、もうひとつ忘れてはいけないのが、物件自体の老朽化リスクです。

いかに新築の物件を買ったとしても、歳月とともに建物は劣化していきます。マンションの場合は大規模修繕が必要になります。多くの場合は、家賃と同時に支払う積立金で賄うものの、足りなければ住民がその不足分の修繕費用を支払うことになります。

大規模修繕をしないマンションもあるかもしれませんが、その場合は、建物がどんどん老朽化していくので、資産価値が下がります。資産価値が下がれば、それだけ借り手も減っていきますし、何より家賃を下げないと借り手が見つからないという事態も起こるでしょう。

場合によっては、毎月のローン返済ができないほど、低い家賃でしか借りてもらえない可能性もあります。

▼少子高齢化で、ますます不動産の価値は低下する

さらに、懸念されるのが、不動産自体の価値の低下です。

今後、どんどん日本の人口は減少しているのに、空き家は増えている状態です。そもそも新築物件は入居した時点で中古になり、資産価値は何割も下落します。そう考えれば、論理的には供給過剰の常態化で、マンションの不動産価値はどんどん下落していくはずです。

自分で住む分には問題ないと思うのですが、果たしてそんな時代で大家業をやってもうまくいくのでしょうか。

先ほど「景気を正確に読むことは誰にもできない」とお伝えしたように、マンションの価格の売却益を狙うのは、投機と同じです。

よほどキャッシュに余裕があって、確実に今後値上がりしそうな都心の一等地のマン

ションなどを購入できる財力があるのであれば、成功するかもしれません。でも、ローンでマンションを購入する場合は、数千万円、人によっては億単位のローンを背負う可能性もあります。そのリスクを負ってまで、不動産投資をする必要はあるのか、と私は思っています。

どうしても不動産に投資したいのであれば、ＲＥＩＴをおすすめします。

ＲＥＩＴとは、ビルやマンション、商業施設、レジデンスなどの不動産物件に投資し、その家賃収入を分配する投資信託の一種です。プロによる運用が行われる上、自分で不動産を管理するよりも圧倒的に手間がかかりません。また、きちんと商品を選べば、きちんと分配金も払われます。

価格にしても、ネット証券を使えば少額から投資できるので、不動産を購入するよりもはるかに気楽に始めることができます。

その④ 銀行預金

▼10年間に1000万円預けると、利子はいくらになるか？

本書の第1章でも、すでに銀行預金のデメリットについてはお伝えしてきましたが、おさらいの意味もかねて、解説していきたいと思います。

銀行預金は、元本割れするリスクはほとんどない投資方法の一種ですが、**私が銀行預金をおすすめしない最大の理由は、利率が低いからです。**

仮にメガバンクであっても、普通預金は0・01％、定期預金でも0・2％程度でしかありません。仮に10年間にわたって普通預金に1000万円を預けて、複利が発生したとしても、預金額は1001万4円にしかなりません。さらに、利子に対して20・3

15%の税金がかかります。

仮に税金を無視して考えても、10年間で約24万円しかリターンが得られません。お金を減らしたくないという視点では、たしかに額面的にはその通りですが、これほどの金額のお金を預けておいて、この程度しかリターンがないのであれば、投資としてはあまりにも魅力がありません。

インフレリスクを考慮していない点も、銀行預金のデメリットのひとつです。

2024年現在、この数十年間で最大規模の値上げが行われています。繰り返しになりますが、いま現在は1000万円の価値があるお金も、10年後にはその価値が何割か失われている可能性だって十分にあるのです。

現在、政府は物価上昇2%を目標に掲げています。銀行に預けていても、年に0・02%しか金利がつかないのに、物価は2%ずつ上がっていったとしたら、年間1・98%ずつ資産が目減りすることになります。

巨額の富を持っていて、その程度は「誤差だ」と切り捨てられる人ならば良いのですが、多くの人にとってはそうではないでしょう。こうしたインフレリスクには、預金ではまったく対応できません。それは大きな問題だと感じます。

▼銀行が破綻した場合、預金は1000万円までしか守られない

さらに考えておきたいのが、銀行が破綻するリスクについてです。

万が一、いま自分がお金を預ける銀行が倒産した場合、自分たちの資産はどうなるのでしょうか。

銀行が仮に倒産した場合、預金保険機構が預金保護を行います。当然のことですが、仮に自分が預けていた資産が0円になってしまったとしたら、人々は大パニックを起こします。そんなことがないように、預金保険機構が、預金保険を使って、預けていた資産を銀行に代わって保護してくれるのです。

ただ、預金のすべてが保護されるわけではありません。現在の時点では、定期預金や普通預金に預けたお金のうち、保証でカバーされるのは元本1000万円とその利息分まで。**1000万円を超えて預けた預金については、保護してもらえません。**

現在、高齢者を中心に、1000万円以上の金額を銀行に預けている人は少なくありません。ですが、銀行が破綻した場合は、資産が元本割れになるリスクを秘めているのです。

もうひとつ、私個人の想いとしては、多くの方に銀行に預けたお金がどうやって活用されているのかを一度考えてみてほしいのです。

銀行に預けられたお金は、銀行の采配で様々な分野に投融資されていくはずですが、日本は過剰預金で実際のところ現在の銀行ではどこも巨額の資金を余らせています。

お金は、正しく投資に回せば、有効活用され、社会に還元され、ゆくゆくは自分にも還元されるものです。では、自分が銀行に預けたお金は、きちんと世の中のために使われているのか。仮にそうでないのであれば、より良い企業に自分が投資するべきではないのか。

日本社会全体へのその後の波及効果についても、ぜひ念頭に置いていただきたいと思います。

その⑤　投資信託

▼投資信託なら、少額からいろんな資産に投資できる

株式投資やＦＸもおすすめしないし、不動産投資や定期預金などの活用もおすすめしない。そう言われると、何に投資したら良いのか……と頭を悩ませてしまうところでしょう。

そんな方に、一番おすすめしたいのは、投資信託です。投資信託とは、投資家から資金を集め、集まったお金を資産運用会社という運用のプロ集団が株式や債券などに投資・運用する金融商品のことです。

私自身が長年投資信託に携わってきた人間なので、「どうせ自分のメリットになるから、読者に投資信託をすすめているのだろう」と思われるかもしれません。

ですが、そうしたポジショントークを抜きにして、**投資家にとって、特に一般生活者の方が着実に資産を形成するには、投資信託は一番適した金融商品だと断言します。**

生活者に投資信託をすすめる4つの理由

では、なぜ、投資信託は一般生活者の投資に向いているのか。

その理由は、次の4つです。

①　少額での投資ができる

②　分散投資ができる

③　プロが運用してくれる

④　積立投資が簡単にできる

順番に説明していきましょう。

①　少額での投資ができる

本書でもお伝えしてきましたが、多くの方が投資をしない理由のひとつは「投資に回せるような、まとまったお金がないから」です。

しかし、投資信託はネット証券なら最低100円からでもスタートできます。仮に手持ちのお金がない人であっても、簡単に始めることができます。

②分散投資ができる

投資する際は、常に損をするリスクも付きまといます。そのリスクヘッジとなるのが、分散投資です。

「分散」と言われると、「単純にいろんなものを買えば良いのだろう」と考えがちですが、分散投資とは、お互いの値動きの方向性が異なる資産を組み合わせて持つことで、損失可能性を減らす投資方法を意味します。

投資を語る上でよく言われるのが、「卵はひとつの籠に盛るな」という言葉です。

投資商品と一言で言っても、種類はたくさんあります。たとえば、株式にしても、国内株式や外国株式、さらに細分化すれば、アメリカ株式、インド株式、中国株式など、それぞれの国にも分類できます。

株式以外にも、債券や不動産、金や石油などのコモディティなど、非常に多くの投資対象が存在します。これら資産の種類や分類のことを「資産クラス」と呼びます。

リスクを減らすには、ひとつの商品だけに大きく投資するのではなく、複数の資産クラスに投資を分散させることが重要です。

限られた資産の中、自分で多くの資産に投資するのはなかなか難しいものですが、投資信託の特徴のひとつは、少額から様々な種類の投資対象に投資することができる点です。

個別の株式に投資した場合は、数百万円の資金では、リスク分散ができるほどたくさんの銘柄を購入することはできません。ですが、投資信託の場合は、多くの投資家が一緒にお金を出し合うことでファンドを作り、複数の株式や債券に分散投資する仕組みを持っています。

たとえば、日本株だけを組み入れる国内株式型や、国内の債券を組み入れる公社債型。海外投資という点で言えば、アメリカをはじめとする海外の株式だけを組み入れて運用する外国株式型や、外国債券を運用する外国債券型。株式にしても、アメリカだけに投資する米国株型やアジアだけに投資するアジア株型など、特定の国や地域だけに投資できるものもあります。

詳しくは後述しますが、日経平均やＴＯＰＩＸといった特定の指数（インデックス）に連動して動く、インデックス型の投資信託も存在します。

肝心なのは、ひとつの株式や債券などに偏っていないパッケージ商品なので、すでにその商品自体が分散投資の効果を持っているということ。だから、自分自身で複数の銘柄を管理する手間もないし、分散させる必要もありません。

さらに言うと、資産クラスによって、値動きやリスクの特性は異なります。

たとえば、債券の場合は、国家や企業が資金調達をする上で発行する有価証券で、株式などに比べると相対的にはリスクが低く、安定した値動きをすることで知られていま す。ただ、その分、高いリターンは期待できない傾向にあります。

どんなに自分が信頼している資産であっても、ひとつのものに依存し続けると、長期スパンで見れば必ず失敗してしまう。できるだけ自分の資産の配分をバラエティ豊かにしておけば、万が一何かしらの大暴落が起きたときも、リスクヘッジになります。

投資信託の場合は、それらのリスクに鑑みて、そのファンドを運用するプロが導き出す最適な組み合わせがパッケージされている点もメリットだと言えるでしょう。

③ プロが運用してくれる

投資信託を管理して実際に運用を行うのは、プロのファンドマネージャーたちです。彼らは、個人投資家たちではたどり着けない情報力やリサーチ力、分析力をもって、自分のファンドがより良いパフォーマンスになるようにと尽力してくれます。

私自身、長年にわたって様々な投資家から資金を集めて、成長力のある会社の株式を購入し、運用する投資信託の運用に携わってきました。

なぜ、私が投資の中でも投資信託のファンド運営に長らく携わってきたのかというと、投資のプロである自分やスタッフたちが選び抜いた「素敵な会社」に適切な資金を投じ、社会全体、なおかつ投資者が安心して暮らせる資産形成のお手伝いをするのが、自分の使命だと思っているからです。

もしかしたら、この本を読んでいる方の中には、「だったら、ファンドマネージャーに株式の選定を任せずに、自分で素敵な会社を選び、投資したい。その方が自分の意思を反映できるし、手数料もかからないのだから」と思われる方もいるかもしれません。

たしかに、それも良いでしょう。ただし、2024年1月時点、日本で上場している会社は3933社もあります。その中から確実に将来性がある企業を見つけ、投資していくのは、困難を極める作業です。

ちなみに真っ当なプロの運用会社の場合は、数字だけではなく、何カ月、下手したら

1～2年の歳月をかけてリサーチをし、その企業の社長を筆頭とする内部の人々との対話を重ね、愚直にその会社と向き合い続けます。この作業は、すごく時間と手間がかかります。

丁寧にやろうとするならば、プロのアナリスト一人が一度に担当できる会社数は、年間多くても数十社程度でしょう。

また、投資は、一度株を買ったら終わりではありません。当たり前の話ですが、その会社に数カ月間資金を提供したからといって、すぐに結果が出るわけではありません。だから、数年単位という長期間にわたって、その株式を持ち続ける覚悟が必要です。

さらに、その会社が常に自分たちの期待した通りの仕事をしてくれているか、努力してくれているか、イノベーションが進んでいるかも、チェックしなければならないし、ときには物言う株主として、意見を言う必要もあります。

どうでしょうか。仕事や家庭で忙しい一人の人間が空き時間でやろうとしても、この作業は到底できない……と思われた方も多いのではないかと思います。

④ 積立投資が簡単にできる

投資信託は、毎月一定の金額分を購入できる積立投資が可能です。

ネット証券などでは、100円からでも投資信託を購入し積み立てていくことが可能ですし、多くの場合は数千円や1万円程度から始めることができます。昨今追い風となっているのは、新NISAや個人型確定拠出年金（iDeCo）のような制度を活用することで、非課税メリットを受けられることです。

日本に存在する投資信託の数は、約6000本

新NISAにおいては、投資信託のほか個別企業の株式も投資対象になっていますが、長期資産形成を目的として投資対象を考える方には投資信託が最適だと思っています。

ただ、問題は、どうやって投資信託を選ぶのか、です。

いま、日本国内で設定・運用されている公募投資信託の数は、一般社団法人投資信託協会の2023年12月時点での発表によれば、5898本あります。

さらに、先ほどもお伝えしたように、投資信託には様々な種類がありますし、「環境」「IT」などの特定のテーマに関連した「テーマ別」の投資信託も存在するなど、非常にバラエティに富んでいます。

6000本近い本数の中から、ジャンルが異なる投資信託を自分で精査し、選ぶというのは、ほぼ不可能に近いです。とはいっても、販売会社の言うままに購入するのは大問題です。

実際、以前の日本では、多くの人が自分で判断せずに金融機関任せに投資信託を売買したことで、大きな問題が生まれました。簡単に言えば、金融機関が販売手数料稼ぎのために手を替え、品を替え、いろんなファンドを販売し、乗り換えを促したことで、顧客の利益が置き去りになる状況が続いたのです。

現在ではその状態はかつてより改善されてきたとはいえ、投資信託の世界はまさに玉石混交。

だからこそ「何を選ぶか」が非常に大切になってきます。

目立つ投資信託が「優良な商品」とは限らない

ならば、ランキングで人気のファンドや資産総額が大きなファンドに投資すれば良いのではないかと思うかもしれませんが、残念ながらそんな生易しいことではないのです。

ここで少し、投資信託の販売の仕組みについても紹介していきましょう。

まず、投資信託を作るのは、投資信託運用会社の仕事ですが、その投資信託を販売するのは、銀行や証券会社といった販売金融機関の独壇場です。

金融機関からしてみれば、販売手数料が高い投資信託を売った方が自分たちの実入りが増えるので、率先して販売手数料の高い投資信託を売りたいモチベーションが働く一方で、投資信託運用会社も手数料が高い投資信託の方が、金融機関が張り切って売ってくれるならばと、高コストのファンドを設定しがちになって、結果、相対的に販売手数料や信託報酬の高い投資信託ばかりが売れ筋な人気ファンドと見えるようになってしまったのです。

そうなると堅実な運用を目指す良質なファンドが逆に販売サイドにとってはメリットにならないため、積極的な販売対象とならず従ってファンド残高もなかなか大きくなれず、良いファンドが置き去りになって来たとも言える歴史があるのです。

要するにいまでも残高順位や売れ筋人気ランキングは良いファンドの判断材料にはならないことを肝に命じて、本書でこのあと解説する投資信託の見極め方をしっかり学んでください。

第3章

私が、長期積立投資ファンドを作った理由

運用していて気が付いた、長期投資の魅力

長期投資の魅力について力説するたびに、

「なぜ、中野さんは長期運用での積み立て投資信託にそこまで情熱を傾けるようになったのでしょうか？」

と聞かれることがあります。

私が長期積立の投資信託のファンド運営を、人生の仕事に選んだのは、もう何十年も前のことです。様々な紆《う》余《よ》曲《きょく》折《せつ》があり、人には失敗の数では負けないほど、様々な失敗を繰り返してきました。でも、その中で、本書でご紹介する長期投資の魅力や、投資の必要性について、強く感じとることができたようにも思います。

本章では、長期積み立てによる投資信託の魅力を、なぜそこまで強く感じるようになったのかをご説明するため、これまでの私の半生について触れたいと思います。もし

「資産形成についての方法だけが知りたいのだ」という方は、本章は読み飛ばしていただいても構いません。

ただ、本章をお読みになれば、私がおすすめする長期積み立てによる投資信託の、大きな納得の材料になるのではないかとも思います。

まず、私が投資にかかわるきっかけとなったのは、1987年にセゾングループに新卒で入社し、小さな子会社のひとつであったファイナンスカンパニーに配属されたことでした。

正直に告白しますが、社会人になった頃の私は、実は金融にはまったく興味はありませんでした。

当時の日本はバブル絶頂期で、周囲の就活生がこぞって当時羽振りの良かった金融業界を目指している時代。もともと天邪鬼《あまのじゃく》な私は「皆が目指す業界には入りたくない」と思って、金融業界の入社試験は受けていなかったのです。セゾングループに入社したのも、セゾングループの経営する華やかな流通小売の世界に憧れたからこそ。

しかし、いざ入社してみると、配属されたのは社員十数名程度の金融専門の小さなノンバンク運用会社。「自分が思い描いていた仕事は、こんなはずではなかったのに……」と思いつつも、新卒社員として粛々と仕事に取り組むことになったのです。


最初はまったく株式投資には興味のなかった私ですが、当時はバブル景気に煽《あお》られ、株を買えばどんどん右肩上がりに上がっていく時代でした。そんな上り調子の相場を前にして、「運用で利益が上がればそれで良い」という考え方を私が持つようになるまでには、まったく時間はかかりませんでした。

それからは、企業の成長性などを検証することもなく、とにかく上がりそうな銘柄を片っ端から購入し、数字ばかりを追いかけるような日々。投資の本質である「より良い付加価値を生み出す企業や技術に投資をする」という根本を忘れて、まさに「投機」に没頭していたのです。

いまでは考えられない話かもしれませんが、当時、金融会社に勤める社員は株を買うのが当たり前だったので、私自身もノンバンクの証券担保ローンを利用して資金を工面し、2000万円近い金額を株式投資に投じていたのです。

バブル崩壊後に気が付いた長期投資の魅力

当時の日本で株式市場が上昇していたのは、「今後も日本の経済成長は続くであろう」と楽観的に考えられていたからですが、高度成長は、その当時に終わっていたのです。日本はプラザ合意後の円高進行を金融をゆるめることで乗り切ろうとして余剰マネーが株式市場と不動産に大量に流れ込んだ。これがバブルなのです。いつしか、その動きは鈍化していきました。

ハリボテの対策のひずみが生まれ、1990年には不動産価格が暴落。翌年には株式市場は大きく荒れ、証券会社の不祥事が明るみに出て、株式市場の冬の時代が訪れました。また、私自身も株式投資で大金を失い、ほぼ貯蓄ゼロの状況へと陥ったのです。

当時を振り返れば「なんて馬鹿なことをしたんだろう」と思いますが、こうした経験が、「長期投資」の良さについて身をもって知るための経験知になったとは感じています。

バブル崩壊時、法人資金の債券運用担当者を任せられていた私が、数千億円という金額を動かす中、気が付いたのが長期投資の効用でした。

しかし、私が担当していたのは法人資金の運用です。法人は、毎年の決算のたびに損益を計上しなければならないので、運用の結果を即時に求められます。短期間で結果を求められるので、長期目線で投資対象を評価し、保有を続ける長期投資の考え方は通用しません。

それに運用者として長期投資を実践したいが機関投資家の資金では到底それは叶わない。そのジレンマを感じた私は、「個人ならば決算がない。だから、個人投資家の資産なら、長期運用ができるのではないか」と考えるようになっていきました。

特にバブル崩壊以降は、会計制度が取得原価主義から時価会計へとシフトしていく中で「10年という長い年月をかけてリターンを積み上げれば良い」というような時間軸に寛容な文化は姿を消し、短期的な成果を強いられる傾向はより一層強まっていました。

長期投資は、複利の効用を活かして時間を味方につけることで、リスクを軽減させながら、投資対象の成長を享受して、誰でも資産形成することが可能です。その合理性に気が付いたとき、「個人に長期投資を提供する仕事がしたい」と思うようになりました。

長期投資の可能性を感じて、社内で投資信託の運用をスタート

なんとか個人の資金を集めて長期投資を行うことはできないか。そう考えた私が、新たに興味を持ったのが投資信託でした。

投資信託は、本来個人が長期間にわたって保有するための資産形成ツールたる性質を持っています。

投資信託の仕組み

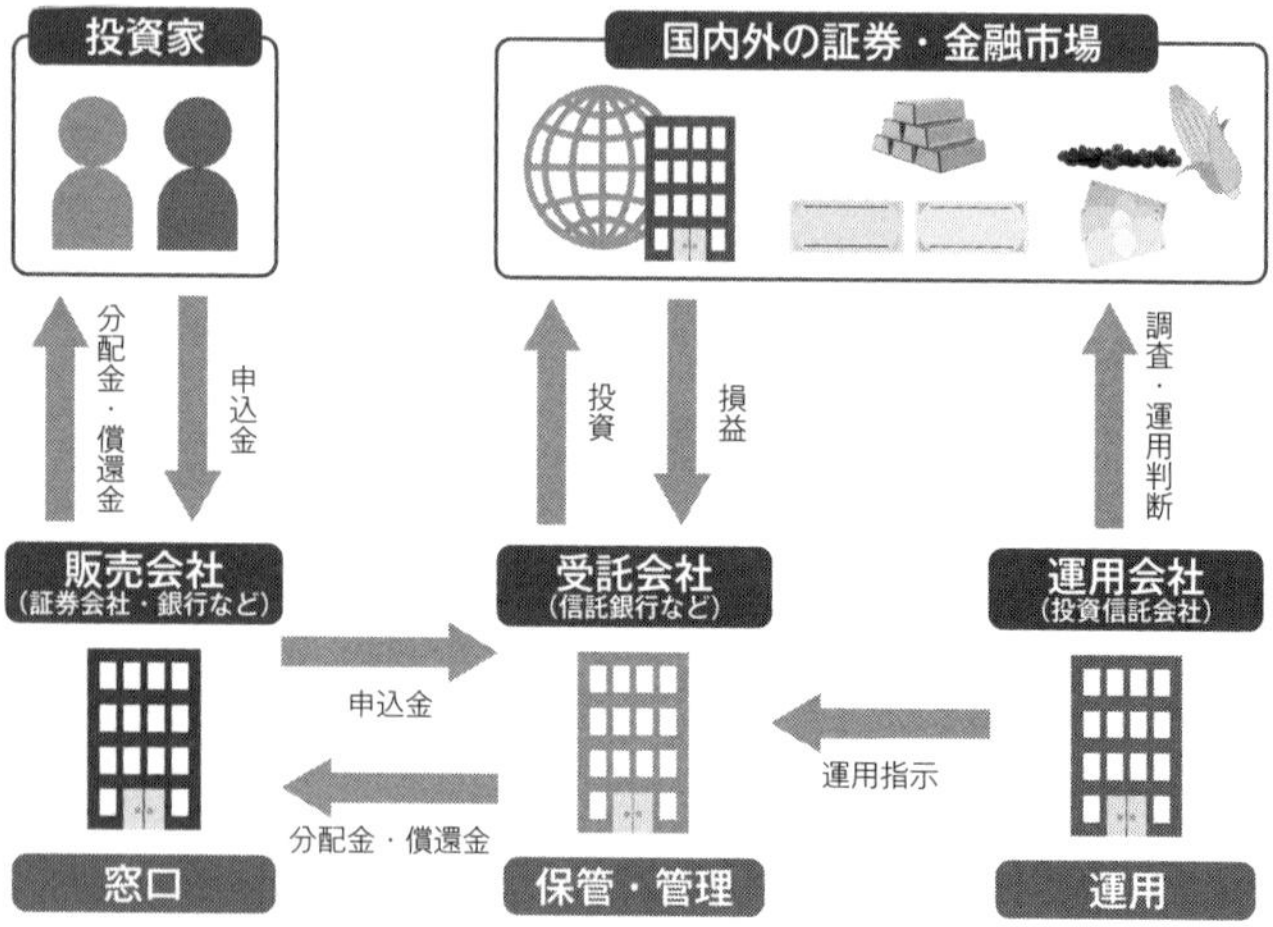

そこから自身が標榜《ひょうぼう》する長期投資を投資信託を通じて実現させたいという想いが湧き上がったのです。

まずは、業界の常識や知識を手に入れるため、大手の証券会社の担当者を経由して、系列の投信会社を紹介してもらい、リサーチを始めました。

ところが、担当者を通じて投資信託業界の話を聞くにつれて、「日本で投資信託会社を作るのは非常に困難である」という悲観的な想いを抱くようになります。

新規参入を阻む最大の関門は、当時の投資信託委託業が免許制で、大手の証券会社や銀行、保険会社の系列企業以外は、参入できなかった点でしょう。

当時の規制では自分が所属していた投資顧問会社を、投資信託会社に転換できないかと考えていたのですが、その案は無理であるという結論に達しました。

次なる策として挙がったのが、米国の投資銀行、ベア・スターンズ社の子会社であるベア・スターンズ・アセットマネジメントという外資系の運用会社とともに、外国籍投資信託を運用することでした。

当時のベア社は、まだ日本での営業実績がなかったため、新たな投資信託ビジネスに対して非常に深い関心を持ってくれました。そこで、ベア社とともに新たな投資信託を立ち上げ、「未来図」という投資信託をスタートさせたのです。

「未来図」の特徴は、グローバルな外国債券で組んだポートフォリオです。さらに、日米の運用者がそれぞれの得意分野の債券を運用することで、他ファンドとの差別化を進めていきました。

1999年の公募当初は、無事にお客様も集まり、すべり出しは順調でした。私たち日本担当も米国担当も皆、「新たな投資信託が日本社会に根付くきっかけになれば」とワクワクしながら運用を開始したのです。

まだ、世間では馴染みの浅い国際分散投資のメリットを伝えるため、証券会社各社を回って、営業マン向けのセミナーも各所で実施しました。その際、営業マンに「未来図」を通じた国際分散投資の良さを伝えると、皆真面目に聞き入ってくれる。その際、「販売の現場でも、本当は真っ当な運用を求めているのだな」と強く感じたものです。

半年後、待ち受けていた「未来図」の解約ラッシュ

当時の「未来図」は中南米を中心とした新興国債券と、日米欧の社債などを組み合わせたポートフォリオを組んでいましたが、運用成績は悪いものでなく、本当に新規の投資信託としては、極めて順調なスタートだったと思います。

しかし、その状況が続いたのも、たったの半年間。いきなり解約が続出したのです。「なぜこんなに解約が増えたのだろうか」と頭を抱えたところ、その原因が販売会社の「契約から半年ほど経つと、顧客に解約を勧める」という悪《あ》しき習慣によるものだったと発覚するのです。

ここで簡単に、その金融業界の悪習についてご説明します。

証券会社や銀行などの販売会社の収益は、販売手数料によって成り立っています。販売側の営業マンたちからすれば、金融商品を売り買いしてくれないと、手数料が入りません。極端な言い方をすれば、顧客の資産形成など考えず、商品をどんどん売り買いしてくれる方がありがたいのです。むしろ、長期投資になれば、その分だけ販売手数料が得られなくなるので、彼らにとっては不都合なわけです。

金融業界では、販売から半年間は顧客に解約を勧奨しないという暗黙のルールがあるため、最初の半年間は商品が売りに出されることはありません。でも、裏を返せば、半年が経過したら、「この投資信託はいま値上がりしているので、いま売って次の新しいファンドを買いましょう」と顧客を誘導して、次の販売手数料を稼ごうということ。

解約が増えれば、資金は流出して、ファンドを運営できません。困った運用会社側は、資金を確保するために、新しいファンドを出して、営業マンに売ってもらうしかない。日本の証券会社や銀行の営業マンに尋ねれば、毎月、必ず新しいファンド、すなわち新商品が登場するのはそのためです。

まさに長期にわたって、投資信託は短期的な投機商品として扱われ、販売会社の手数料稼ぎの道具にされてきたわけです。

私たちがスタートした「未来図」も、その半年間を経過した頃に、まさに同じように販売手数料稼ぎの対象にされました。そして、証券会社の営業マンたちによる解約誘導が広く行われ、解約は止まりませんでした。

「これまで日本に投資信託が根付かなかったのは、こうした業界の慣習があったのか……」と落胆する間もないまま、運用資金がどんどん流出して、解約資金を賄うために、ポートフォリオに組み込んでいた資産を売却するだけの事態となり、運用はまったく成り立たなくなったのです。

長期でお客様の資金を増やしたいという想いから始めたものの、結局、開始から半年以降は、まともな運用をすることはできず、程なくこのファンドは中途償還されることになりました。

さわかみ投信・澤上さんとの運命の出会い

日本に長期投資の文化を根付かせたい。投資家が少ない元手であっても、きちんと資産形成できる投資信託を作りたい。

そんなビジョンを元に、20年、30年間のスパンで運用できる投資信託を目指したものの、たった半年でその夢は破れてしまいました。

手数料稼ぎをしたい販売会社の都合に振り回されてしまうのであれば、日本の投資信託で長期の運用をすることは難しいのではないか。そんな失意のどん底にいるとき、私はとある人物と運命的な出会いを果たすことになります。

それが、独立系運用会社の先駆けであるさわかみ投信の澤上篤人《あつと》社長（当時）です。実はさわかみファンドがスタートしたのは、1999年。私が「未来図」を世に送り出したのとほぼ変わらないタイミングでした。

その当時、澤上さんはマネー雑誌などで「長期投資によってより良い社会を作る」というビジョンを公言していました。その想いに強く共感していた私は、「未来図」での大敗北を経験した末、「どうしても澤上さんに話を聞きたい」という想いを抑えきれず、「澤上さんに会いたい」と知人に強引に頼み込みました。

最初は断られたものの、その後、依頼を繰り返し、3度目でようやく澤上さんの時間をもらうことができ、面会を実現できることになりました。

「何度も面会を断るような人なのだから、ものすごく気難しい人なのかもしれない。出会いがしらに怒られたらどうしようか……」

そんな想いを抱えながら、質素なオフィスへ緊張の面持ちで向かうと、そこには笑顔の澤上さんが立っていました。澤上さんに実際に会えた感動と興奮から、私は自己紹介もろくにしないまま、投資信託や長期投資に対する想いを、ただひたすらに話し続けてしまいました。

何分間、何十分間、話し続けたのかは覚えていません。しかし、決して短くない私の話を、澤上さんは柔和な表情で、うなずきながら黙って聞き続けてくれました。

一連の私の話が終わった後、澤上さんはこう言いました。

「お前は、バカだな！」と。

そして、こう続けたのです。

「既存の業界で長期投資をやろうとするから失敗するんだ。だから、俺は自分でさわかみ投信を立ち上げて、証券会社に頼らない投資信託を作ったんだ」

証券会社に頼らない投資信託を作る

最初、澤上さんの「販売会社に頼らない投資信託を作れば良い」という話を聞いたときは、目からウロコが落ちるような衝撃でした。

先にも少しご説明したように、世の中に存在する6000本近い公募投資信託の大半は、証券会社や銀行などといった販売会社を通じて取り扱われるものです。だからこそ、投資信託を作っても、運用会社は販売会社の顔色を窺《うかが》って、販売を委ねざるを得ません。

実は、販売会社を通さずに、投資信託会社が自社で運用するファンドを、顧客に直接販売する「直販」という手法が存在することは知っていました。直販へと思いが至らなかったのは、私自身、「投資信託は販売会社に売ってもらうものだ」という考えに固執していたのでしょう。

しかし、澤上さんは「販売会社」というフローを排除して、直接自分で販売することで、長期投資を普及させようと考え、すでに実行に移していたのです。

もし、澤上さんのように「証券会社に頼らない投資信託」を作ることができれば、自分がやりたい長期投資の形を実現できるのではないか。

ゼロから投資信託会社を作り、自ら運用する投資信託を自ら販売しよう。澤上さんに出会い、「長期投資で良い世の中を創ろうぜ！」という言葉をもらい、その後も交友を深めさせてもらったことで、私の中で想いはどんどん強くなっていきました。

紆余曲折を経て、投信を直販できるセゾン投信を設立

そんな運命的な出会いの一方で、社会の流れも変わりつつありました。中でも大きかったのが、以前は、銀行や証券会社といった金融機関の資本以外では得ることができなかった、投資信託会社のライセンスが、認可制へと変わっていったことでしょう。この追い風を受けて、私自身、実際にセゾングループで投資信託会社の認可

を取り、新たな運用会社を立ち上げてはどうかと考えるようになったのです。

ただ、そこでひとつのハードルとなったのが、費用でした。

投資信託会社として認可を得るには、最低純資産1億円が必要です。当然、実際に運用を始めると、人件費をはじめ様々な費用がかかるので、少なく見積もっても数億円は初期費用として必要です。

どう考えても、個人では用意できない金額なので、自身が居た投資顧問会社の親会社であるクレディセゾンに出資を頼むこととして、事業計画を練りました。

「未来図」での挫折、そして澤上さんとの出会いがあって、クレディセゾン内での社内闘争に巻き込まれ複数回の左遷人事の浮き目にも遭いました。そんな中で澤上さんからの強いサポートのおかげで、紆余曲折の6年が費やされましたが、2006年6月に、クレディセゾンの100%子会社としてセゾン投信を設立。2007年3月には、「セゾン・バンガード・グローバルバランスファンド」「セゾン資産形成の達人ファンド」

という二つの投資信託をスタートさせました。

そうして生まれた「お客様の幸せを追求する」ファンド

セゾン投信を経営する上で、私が一番大切にしようと決めたのは、「お客様の幸せのみを追求すること」。

私が一番問題視していたのは「お客様の幸せについてきちんと考えている会社が、金融業界には驚くほど少ない」という事実であり、そこへのアンチテーゼです。

お客様の資産形成を最大成果につなげるためには、長期運用は欠かせません。しかし、ひんぱんに商品の売買をして、販売手数料を稼ぎたい証券会社や銀行が顧客と投信会社の間に入っている以上は、長期投資を成立させることがなかなかに難しい。

そうした投資家の不利益を避けるために、販売会社を通さないで売り買いができる

「直販」という手法を導入。これによって、資産形成途上で本人の意に反して売却されるリスクを減らし、販売会社への余分な手数料を払うこともなく、より顧客本位な投資信託を実現することができました。

全国行脚を乗り越えて

お客様に寄り添い、お客様の人生の伴走者となれるような運用会社でありたい。

その想いから、創業時から手塩にかけてきたセゾン投信は、自分で言うのもなんですが、良い形の会社に成長させることができたという自負があります。

特に心がけていたのは「できる限り直接お客様と対話をすること」です。一方的な情報発信ではなく、一人ひとりのお客様と話し合い、その悩みや資産状況を聞き、その方に適切な長期投資を一緒になって考える。

そして、投資信託を人生の伴走者と考えて、少額でも良いから、できるだけ長く積み立て投資でコツコツ続けていただくことが大切であると発信し続けてきました。「話が聴きたい」とお声がかかれば、北は北海道、南は沖縄まで、全国あらゆる場所へと講演に行き、直接お客様と対話を続けたのです。

運用資産総額6000億円突破の中で起こった、解任劇

大切な自分のお金を投じる先として、自分たちのファンドを納得して、選んでくれた以上、その方々が抱く「一生懸命、自分のお金を育てたい」「人生の糧にしたい」という想いをきちんと実現させたい。

そんな想いを実現させるべく全力を尽くすことこそが「顧客本位の業務運営」であり、その理念を何より大事にしてきたわけで、従ってセゾン投信の残高を大きくすることを目的化させたことは、実は一度もありません。社員に対して、数字的な営業ノルマを課したこともありません。

お客様の大半は、そのメッセージに共感してくださった方々ばかりです。

そうした企業姿勢は相応の評価をいただき、順調に資産額は増えて、設立17年となった2023年4月、セゾン投信の運用資産総額は6000億円を突破。直接顧客数は約15万人にまで拡大しました。

一般の方にはあまりピンとこない数字かもしれませんが、ゼロからスタートした投資信託会社として、直販前提の投資信託で6000億円という純資産を積み上げるのは、業界で言えば奇跡のようなもの。投資信託協会をはじめ、業界の方からは総じてお誉めの言葉をいただきました。

自分の信念をきちんと守って、着実に、誠実に努力を続ければ、いつかは報われるのだと身をもって体験できたように思います。そして、この頃になると、自分としては、「ようやく世の中に必要とされる運用会社を作れた」と、胸を張れるようになっていました。

しかし、そんな慢心が仇となったのでしょうか。

2023年6月28日をもって、親会社のクレディセゾンの株主権行使により、私は突然セゾン投信代表から不本意な退任を余儀なくされたのです。

まるでアンジャッシュのコントのような「認識のすれ違い」

私の退任に対するクレディセゾン代表側からの報道コメントを読んで、セゾン投信という投資信託運用会社と、証券会社のビジネスモデルを同列に扱っていたことに唖然とし、残念の極みです。

証券会社は、あくまで投資商品を売る販売業者に過ぎないので、本来ならば比較する対象ではないはずです。

しかし、クレディセゾンからは、出資を受けた際に「野村に勝てるのか？」と聞かれたことを思い出しました。

「野村」と言われたら、私の頭に浮かぶのは、当然のこととして大手投資信託会社である野村アセットマネジメントでした。

セゾン投信では、野村アセットマネジメントには提供できない投資信託を提供して、まったく違う価値観を生み出していくつもりでしたから、「もちろん勝ちます」と答えていました。

しかし、自分の退任報道では「親会社との経営方針の対立」と表現されましたが、まさに先方の目線が言わば「野村アセットマネジメント」ではなく、「野村證券」であったことに気付かされます。まるでアンジャッシュの十八番であるすれ違いコントのように、私と親会社の前提は大きくすれ違っていたのです。

証券会社は「預かり残高」と呼ばれる資産の規模感がステータスのひとつになります。たとえば、最大手である野村證券は134兆円もの預かり残高があります。クレディセゾンからすれば、野村證券のように大きな会社を作れると思って資金援助をしたのに、私が作ったセゾン投信は、十数年経ってようやく6000億円に到達したばかり。いつまでも数十兆円の規模感を達成することもない。その点で、以前から業を煮やしていたのでしょう。

ただ、セゾン投信は、あくまで投資信託運用会社であり、販売側である証券業界の埒《らち》外《がい》の存在である上に、真の顧客本位を追求する限り、規模拡大を目指すことはあってはならないこと。十数年もこの違いすら理解されていなかったとわかったとき、膝から力が抜ける想いでした。

引き合いに出された「eMAXIS Slim」の純資産額3兆円

もうひとつ、クレディセゾン代表のコメント報道で印象的だったのが「クレディセゾンとうまくやれば、セゾン投信の預かり資産が3兆円規模になってもおかしくなかった」というものです。

先方が言う「3兆円」という数字の根拠となったのは、2023年12月に純資産額が

3兆230億円を突破した、三菱UFJアセットマネジメントが運用する「eMAXIS Slim S&P500」です。

しかし、「eMAXIS」シリーズは単純なインデックスファンドであり、コストを極度に低く設定することで競争優位性を構築していますが、他方で収益水準があまりにも薄く、運用会社も販売会社も極端に利益が少なく、これ単体ではおよそ事業として成立し得ないプロダクトなのです。つまりこの事業モデルをのみ追求すれば運用会社は早晩倒産することになるでしょう。

この発言からも、先方はあくまで事業の規模感にしか関心がなく、運用業界について無理解であったことも無念でなりません。

大きな齟齬があった「誰のために仕事をするか」という視点

私が大切にしたかったのは、長期投資によって、顧客の目的をきちんと実現するための会社です。長期投資は、何十年もかけなければ結果は出ません。セゾン投信は、何十年後、一緒に寄り添って歩いてくれたお客様に「ありがとう」と言われるためにやってきた会社です。

これはただの理想論ではありません。経済の原理原則として、社会からたくさんの支持を受け、それだけの付加価値を社会に提供すれば、利益として戻ってくると私は確信しています。

数十兆円には満たない規模ではあっても、「ありがとう」という感謝が生まれ続けるのであれば、自然と利益に結びつくはずなのです。

最初から「いくら儲けるのか」「いくら集めるのか」と目先の数字ばかりを追いかけていたら、運用会社としての本来の社会的使命を果たせません。だから、私がCEOだった頃のセゾン投信には残高やお客様の加入人数の目標もないし、ノルマもありませんでした。

そこで、私は「株主のためにセゾン投信があるのではありません。社会のために役立ち、多くの人の資産形成を成功させる社会インフラとしてセゾン投信は存在するのです」と言い続けてきましたし、お客様を幸せにするために、どれだけ頑張れるかが大切だと社内でもメッセージを出してきました。こうした企業理念こそが真の顧客本位の要諦であるはずです。

運用会社は普通のビジネスと違い、「受託者責任」という社会的責任を負う存在です。受託者責任を果たすためには、いかなる場合でも、株主利益は顧客の利益に劣後するということなのです。

「自分がいなければ成り立たない」という慢心への反省

顧客本位を貫く運用会社としての理想追求と、大きくすることがビジネスの目的と広言する株主との経営方針の対立が、自身のセゾン投信退任の要因だったことは事実です。ただ、資本の原理から言えば、対立が解けない以上、50%を超える株式を保有する株主が、人事権を行使するのは正当な権利です。セゾン投信の大株主による株主権行使は先方の立場からは当然の判断だったのでしょう。

私自身、セゾン投信に在籍している頃から、常にそのリスクに対して危機感は抱き続けていました。

長期で積み立て投資を行うには、経営の安定が必然です。だからこそ、トップの意向で簡単に左右されないようにと、独立性を保つべきだと私自身は公言してきましたし、以前から親会社であるクレディセゾンの株式保有率を49%以下に抑えたいとも思っていました。

ただ、こうした私自身の考えも、親会社からすれば「生意気」に映ったでしょう。

また、いろいろと対立はあっても、「ここまでセゾン投信を大きくできたのだから、自分をクビにすることはないだろう」と慢心していたのも、私自身の大きなミスです。

でも、今回の事件で、自分がいなければセゾン投信は成り立たないはずだという傲慢さはまったくの無意味だったのだと証明されました。むしろ「お前がいるから会社が大きくなれないのだ」と言われたことで、私の中でも目が覚めたように思います。

退任後からよく聞かれるのが、セゾン投信はこの先どのような会社になるのかということです。無論自身が経営をグリップする立場ではなくなった以上、わからないとしか申し上げられません。同時に運用会社への信頼が揺らいだならば、投資家にはいつでも解約して離れる権利があることもコラムなどを通じてお伝えしてきました。

新たな資産運用会社・なかのアセットマネジメントの設立

退任が発表された後は、多くの企業や知人から「うちの会社に来ないか」「この仕事を手伝ってくれませんか」とのお声がけをいただきました。魅力的なオファーが数々ある中、私自身もいろいろなことを考えました。この期に及んで自分は何をすべきか。

そうした自問自答の中で生まれたのが、「長期投資でより多くの方の人生を豊かにしたい」という結論です。そして、セゾン投信を退任してから2カ月後となる2023年

9月1日、私は新たな運用会社をスタートさせました。

60歳になってから、新たなファンドをゼロから生み出すのは大変なことかもしれません。それでも、これまでの人生で私自身が大切にしてきた信念は、長期投資の良さを人々に広め、一人でも多くの人に自らが納得できる豊かな人生を送ってもらうこと。そして、投資を通じて、より良い未来を作っていくことです。

私自身は、ごく普通の低俗な人間で、私利私欲ばかりを追求していた時期もあります。決して、高潔な人間ではありません。でも、ここに至るまでに様々な気付きがあったからこそ、仕事のやり方も軌道修正できたし、「金融業界は何かがおかしい」という問題意識を抱くようにもなりました。

私に限らず、金融業界に籍を置く人の多くは、この業界の矛盾を感じているはずです。ただ、心に浮かんだそんな疑問も、「世の中はそういうものだ」とわかったような気になって放置してしまう。その現状が、私には納得がいかなかったのです。

「どうせ自分一人が頑張っても、世の中は変わらない」と言って、長い物に巻かれる道もあったでしょう。事実、自分が問題だと思う事柄のすべてを変えることはできないでしょう。でも、私は、自分ができる範囲で何か行動したい。

その気持ちがあったからこそ、セゾン投信という投資信託会社を丸16年経営できたという自負があります。長年抱き続けたその信念を貫き通すには、改めて自分で運用会社を始めるしかない。そう思いました。

逆に言えば、人一倍修羅場をくぐり抜け、様々な経験を積み上げてきた現在、新たに独立系運用会社を始めるチャンスを得たことは、まさに幸運としか言いようがありません。

突然の新スタートだったので、最初はオフィスには机も椅子もなく、床に座って作業する日々でした。それでも、つらさはまったく感じず、むしろ自分が理想とする投資信託を作れるという喜びの方が勝っていました。

嘘やインチキがまったくなくて、なおかつ多くの人に愛される会社を創りたい。

いま60歳の私が、20年後、30年後のお付き合いを語ることはできないかもしれませんが、この10年間で新しい基盤を作る役割は担えるはず。そして、この会社をリードしていく次世代に基盤を受け渡し、「素敵な会社が選ばれる資本市場」に貢献していきたい。その気持ちとともに、今後も、「長期投資の伝道師」として、前を向いて行くつもりです。

第4章

新NISAで投資信託を買うなら？

投資信託の良さが活きる、新NISA

これから投資信託の購入を考える方に、いますぐ始めてほしいのが、2024年1月からスタートした「新しいNISA」、通称「新NISA」です。

NISA（Nippon Individual Savings Account）とは、2014年1月にスタートした個人投資家のための税制優遇制度で、それを大幅に改正した新NISAは、岸田文雄首相が打ち出した「資産所得倍増プラン」の中核をなす制度です。

岸田文雄内閣に対する評価は人によって大きく分かれるところだとは思いますが、私自身はこの制度を導入した点においては、岸田内閣は大きく評価されるべきだと考えています。事実、新NISAは、日本経済再生に向けての大きな道筋になると確信しています。

先にも触れましたが、新NISAの最大のメリットは、利益が非課税になる点です。

金融商品を運用すると分配金と値上がり益が得られますが、これら運用益が生じた場合は、一律20・３１５％の税金がかかります。しかし、ＮＩＳＡの制度を使えば、一定の投資額までは運用益が非課税になります。

仮に、投資で１００万円の運用益を得たとしても、従来であれば20万３１５０円が引かれ、手元には79万６８５０円しか残らなかったところ、新ＮＩＳＡを使えば、１００万円がすべて手に入るということ。これは運用する金額が大きくなればなるほどに、未来の資産形成に大きな違いを生むでしょう。

新ＮＩＳＡは、従来のＮＩＳＡと何が違う？

従来のＮＩＳＡと新ＮＩＳＡの大きな違いについても、簡単に説明していきましょう。
ひとつ目の大きな変化は、期間の延長です。
従来のＮＩＳＡは5年間、つみたてＮＩＳＡは20年間の非課税期間が設けられていました。同様に、ＮＩＳＡ口座を用いて投資商品が購入できる「投資可能期間」も一定の期限が設けられていました。つまり、本書で私が力説してきた「長期投資」を実現するには、なかなか難しい制度設計だったのです。

しかし、新ＮＩＳＡでは、非課税期間が無期限化されたことで、生涯にわたって非課税での投資運用が可能になりました。これは売り買いを頻繁に行うわけではない個人投資家にとっては、非常にメリットのある設計だと思います。

もうひとつのポイントは、非課税保有限度額が大幅に引き上げられたこと。

従来のＮＩＳＡでは一般枠とつみたて枠のどちらか片方しか選べなかった上、従来の一般ＮＩＳＡの非課税投資枠は年間１２０万円で、非課税期間が5年間だったため、最大６００万円の非課税枠しかありませんでした。また、つみたてＮＩＳＡについては、非課税投資枠が年間40万円で、非課税期間は20年間。運用枠は最大８００万円まででした。

旧制度

	つみたてNISA（2018年創設） ⇔選択制⇔	一般NISA（2014年創設）
年間投資枠	40万円	120万円
非課税保有期間	20年間	5年間
非課税保有限度額	800万円	600万円
口座開設期間	2023年まで	2023年まで
投資対象商品	長期の積立・分散投資に適した一定の投資信託（金融庁の基準を満たした投資信託に限定）	上場株式・投資信託等
対象年齢	18歳以上	18歳以上

新制度

	つみたて投資枠 （併用可）	成長投資枠
年間投資枠	120万円	240万円
非課税保有期間	無期限化	無期限化
非課税保有限度額（総枠）	1,800万円 ※簿価残高方式で管理（枠の再利用が可能）	1,200万円（内数）
口座開設期間	恒久化	恒久化
投資対象商品	長期の積立・分散投資に適した一定の投資信託（現行のつみたてNISA対象商品と同様）	上場株式・投資信託等（①整理・監理銘柄②信託期間20年未満、毎月分配型の投資信託及びデリバティブ取引を用いた一定の投資信託等を除外）
対象年齢	18歳以上	18歳以上
現行制度との関係	2023年末までに現行の一般NISA及びつみたてNISA制度において投資した商品は、新しい制度の外枠で、現行制度における非課税措置を適用 ※現行制度から新しい制度へのロールオーバーは不可	

※金融庁参照

しかし、2024年1月からの新NISAでは最大1800万円まで非課税投資枠が拡大されました。非課税保有限度額は、買い付け残高で管理されるので、仮に運用によって評価残高が1800万円を上回ったとしても、買い付け残高が残っていれば、その枠を使うこともできます。

結婚してパートナーがいる人であれば、自分と配偶者の非課税枠を合わせれば、1世帯あたり3600万円の投資枠を手に入れたということ。どんなプランを組むかにもよりますが、仮につみたてであっても目標額3600万円を複利で運用したら、10年後、20年後には豊かな老後生活を送るには十分な資産になるはずです。

「つみたて投資枠」「成長投資枠」、両者の違いは？

新NISAには、「つみたて投資枠」と「成長投資枠」という二つの枠があります。

従来の制度では、つみたてNISAと一般NISAの併用は認められていませんでしたが、新ＮＩＳＡでは両方の枠を併用できるのも大きなメリットでしょう。

「つみたて投資枠」は、長期の積み立てや分散投資を想定した投資信託が購入対象になります。購入できる商品は、金融庁が定めた基準にスクリーニングされたものだけで、基本的にはこれまでの「つみたてＮＩＳＡ」の対象商品と同じです。

一方の「成長投資枠」は、一般ＮＩＳＡと同じように、金融庁が定める一定の基準を満たした投資信託に加え、株式の個別銘柄も対象になります。

先ほど「新ＮＩＳＡの非課税保有限度額は１８００万円になった」とお伝えしましたが、「つみたて投資枠」だけで１８００万円の枠を使い切ることができるものの、「成長投資枠」では１８００万円中の１２００万円分しか使うことができません。

なお、１年間の限度額は、両方合わせて年間３６０万円まで投資することができます。「１８００万円÷３６０万円＝５年」ということで、資金力のある人であれば、最短５年間で非課税保有限度額１８００万円を使い切る計算になります。

このように説明するとややこしく感じてしまうかもしれませんが、成長投資枠でも積み立て投資はできます。ですので、従来の制度をすでにご利用の方は「非課税保有限度額が1800万円に拡大され、よりアップデートされたつみたてNISAになったのだ」と認識していただければと思います。

インデックスファンドとアクティブファンドの違い

投資信託には、大きく分けると「インデックスファンド」と「アクティブファンド」があります。

インデックスファンドとは、日経平均株価や東証株価指数（TOPIX）、S&Pダウ・ジョーンズ・インデックスLLCが公表している株価指数であるS&P500など、特定の市場やグループの株価インデックスに連動した運用成績を目指す投資信託です。

ややわかりづらいかもしれませんが、インデックスファンドの場合は、指数に連動して値動きするので、市場の損益にほぼ準拠した運用成果を狙えるメリットがあります。

また、指数に連動するだけなので、運用管理にかかる信託報酬も低廉に抑えられ、ノーロード型といわれる販売手数料無料のファンドも多いです。

一方、アクティブファンドは、これらのインデックス指数を上回るリターンを目指し、プロのファンドマネージャーたちが運用する投資信託のことです。

メリットは、まさにインデックス以上の運用益を期待することで、一方それを下回る運用成果にとどまる可能性もあることや、運用管理費用がインデックスファンドよりも相対的に高いという点がデメリットと言えましょう。

今回の新ＮＩＳＡでは、つみたて投資枠の投資対象となるのは、インデックスファンドが中心で、成長投資枠にはインデックス以外のアクティブファンドも幅広く含まれます。両者をうまく組み合わせて利用することが、新ＮＩＳＡ制度をうまく活用するコツとなるでしょう。

新NISA銘柄だからといって、すべての投資信託が正しいわけではない

2024年1月現在、金融庁が指定するつみたて投資枠の対象投資信託は、合計で281本です。その内訳は、「指定インデックス投資信託」が227本、「指定インデックス投資信託以外の投資信託」が46本、「上場投資信託（ETF）」が8本となっています。

このつみたて投資枠の投資対象は、金融庁が「長期・積立・分散投資」に適していると考えた一定の登録基準を満たす投資信託です。

一方、成長投資枠の対象は、もっと幅が広く、投資信託はもちろん、ETFや株式、REIT、さらに外国株式なども投資対象となっています。

たまにメディアなどで「新NISAのつみたて投資枠の対象となる投資信託は、金融

庁が厳選した銘柄だから、どれを選んでも大丈夫」と喧伝《けんでん》されることもあるのですが、これは間違いです。あくまで金融庁は行政官庁として一定の基準を作り、基準を満たしている銘柄を登録許可しているだけです。

金融庁の定めた基準を満たしているからといって、すべてが良いわけではありません。たまたま基準を満たしたファンドの中には、私の目線から見るとすすめられないものも少なからずあります。

ただ、一度はつみたてNISAの投資対象となったファンドは以降に登録時の条件を満たさなくなった後にも、現時点のルールでは引き続き登録ファンドとしてリストに残り続けることになるので注意が必要です。

ファンド選択を誤ると、「長期投資を想定していたのに、ファンドが途中でなくなってしまう」という想定外の憂き目に遭う可能性もあります。

2023年12月5日の日本経済新聞の報道で、金融庁は残高規模の小さい投資信託を問題視し、繰り上げ償還などを投資家の決議なしで実施できるよう検討していると発表されました。

要するに、小規模ファンドを整理淘汰して、公募投資信託の本数を減らして行くと金融庁が考えていることを意味します。

いま日本には6000本ほどの公募投信がありますが、大半は、資産が数億円しかない小さなファンドです。

ファンドには人気・不人気があるので、それぞれに均等にお金が入るわけではありません。運用会社にとっては、人気のないファンドは赤字になり、不良債権化します。

本来なら、その時点でファンド運営をやめるべきですが、投資信託を中途償還するには通常は、投資家の3分の2以上の同意が必要です。しかも、同意を取るのは運用会社ではなく、投資家の窓口となる販売会社の役割なので、販売会社からすれば、投資家一人ひとりに同意を取るのは、はっきり言ってかなり面倒くさい。しかも、償還されると自社の取り扱い残高が減ってしまうことになるので販売会社にとってはメリットがない。

だから、本来なら早々に償還すべきファンドが、その後も細々と残り続けるという状況が続いていました。

しかし、今後、中途償還へのハードルが下がり、小規模ファンドはどんどん淘汰されていく、経済合理性に基づく風潮が生まれることが予想されます。

だからこそ、「つみたて投資枠に入っているファンドならばどれも安心」と金融機関ですすめられるがままに投資信託を買ったものの、そのファンドが実際は小規模なまま残高が増えず、気が付けば中途償還されて、結果として長期投資できなくなってしまったというケースも考慮しておく必要があるのです。

「失敗しない商品」ではなく「失敗しない目利き」を知る重要性

では、失敗しないために、どの投資信託を買えば良いのでしょうか。実際、この質問は本当に多くの方から受けるのですが、**私は「このファンドが良いです」と具体的な商品をおすすめすることはしません。**

たしかに、私自身、過去に「この投資信託を買っておけば良い」という本を何冊も出しています。その際は、あくまで投資信託を選ぶポイントや目利きについて知ってもらう目安になればと思って本を出したのですが、肝心な選ぶポイントについては読み飛ばし、商品名だけを読んで満足する方があまりにも多く、ひそかにがっかりした覚えがあります。

直近までの一定期間では成績が良いファンドも、数年後にはどうなっているかわかりません。運用会社の方針が変われば、運用成果もまったく違うファンドに変わる可能性もあります。その反対もしかりで、いまは調子が悪くとも、数年後には忍耐強く長期目線の運用を続けた真っ当な成果を出すファンドに変貌している可能性もあります。

選ぶ上でのプロセスを理解すれば、市場動向や投資環境が変わっても、自分で「正しい投資対象は何か」を見抜くことができます。

投資家の目が肥えないと、良いファンドが生まれづらいという側面もあります。資金を投じる投資家の鑑識眼が高まることで、ファンド側も自分たちが選ばれるために必死で努力する。そんな切磋琢磨《せっさたくま》こそ、良いファンドが生まれる必須条件だと言えるでしょう。

真っ当な運用を選ぶ眼力を持つ投資家によって、良い投資信託は育つ。この原理を胸にとどめていただきつつ、「新ＮＩＳＡで選んではいけない投資信託」の８つの特徴をご紹介していきましょう。

▼選んではいけない投資信託①　テーマを売りにしている

昨今の投資信託で注意したいのがテーマ型ファンドです。

テーマ型の投資信託とは、「環境」「ＥＳＧ」「人工知能」などのテーマ別に、関連する企業の銘柄を組み入れて運用するものです。

一見、トレンドに合ったキャッチフレーズで、心惹かれる内容も多いでしょうが、私はこうしたコンセプトのファンドをおすすめしません。

なぜなら、テーマ型は長期投資には向かないからです。時世に合わせた銘柄はたしかに一時的には基準価額を大きく上昇させる可能性もありますが、あくまで短期的なトレンド相場に乗っているだけなので、往々にして長続きしません。

人はいつでも目新しいものが好きです。株式市場では、ときとして社会的に旬な事象に追随した流行り相場が発生し、その度にこうした波に調子良く乗ろうとするテーマ型ファンドがタイムリーに設定されます。流行は移り変わるものなので、ひとつのテーマの旬が去ったら、次のテーマへとマーケットはうつろっていくものです。

長期投資に取り組むならば、短命に終わりがちなテーマ型投資信託は、絶対に避けてほしいと思います。

▼選んではいけない投資信託②　コストが高い

長期にわたって運用する投資信託を選ぶ上で、チェックしてほしいのが運用にかかるコストです。

投資信託の場合、コストは主に、購入時にかかる販売手数料と保有期間中にかかる信託報酬、信託財産留保額の３種類があります。

まず、**販売手数料は、その商品を購入した際にかかる費用**です。たとえば、１００万円を投資した場合、販売手数料が３％だとしたら、３万円分が手数料として引かれ、97万円の額面から運用が始まります。

信託報酬は運用期間中に自動的に年率換算で毎日差し引かれるもので、運用手法や投資対象により、その適正水準には幅があります。

要するにインデックス運用のような、言わばコモディティ化したファンドならば、基本的に中身は同じ。従ってコストが安い分だけ、ご自身のリターンが大きくなるという合理が成り立ちます。一方でアクティブ運用は各々独自の運用アプローチをして投資対象も様々な資産クラスがあるので、一概に高いか安いかの判断は難しいのですが、総じて**年1・5％以内を適正水準の目安と考えてください。**

最後の信託財産留保額は、投資信託を解約した際に支払う費用です。投資信託の解約を申し込むと、ファンドは株式や債券を売却することになります。その手数料が、信託財産留保額と呼ばれるものです。

商品によってはかからないこともありますが、この信託財産留保額は、「まだこの投資信託を解約せずに持ち続けている人たちに、余計なコストがかからないようにするための費用」です。長期運用をする上では、そのコストを他の人に押し付けずに、公平に負担するべきというファンドの姿勢が表れているとも言えるので、「信託財産留保額がない方が良い」と一概に判断できませんが、最近はこれがないファンドが圧倒的に多くなっています。

いまだ対面型の、証券会社や銀行といった販売金融機関では、人を介するコストとして販売手数料を徴収する考え方が多く残っていますが、同じファンドがネット経由ではノーロードであるケースも増えており、大手ネット証券ではノーロードがスタンダードです。

従って、販売手数料は一体何のための対価なのかを、ご自身でも良く考えてみてから、販売会社を選択するようにしてください。

▼選んではいけない投資信託③　多分配型投資信託

長期運用をする上で、避けてほしいのが多分配型の投資信託です。

「毎月、ある程度の金額のお金がもらえるのならば、生活の足しになって助かる」と思う方も多いでしょう。毎月不労所得が入ってくるのは嬉しい話です。ですが、長期投資は、分配原資も再投資に回すことで複利効果を発生させ、資産を増やすという投資方法です。

分配金をもらった分だけ、自分の将来の資産は減っていく。即《すなわ》ち基準価額は分配金が払い戻された分だけ欠落することを忘れてはいけません。

そもそも新ＮＩＳＡは真っ当な長期投資を普及させることが制度主旨です。その中で、多分配型の投資信託を選んでしまうと、いつまでも複利の力が働かず、資産形成になりません。そのため、毎月分配型は新ＮＩＳＡでは投資できません。

そこで、毎月分配型ではないけれども、1カ月おきに分配金が支払われる隔月分配型が新ＮＩＳＡで投資可能とするため新たに設定されたりして、業界サイドの不見識が問われるべきでありますが、いずれにしろ、分配金を受け取ってしまうと、十分な複利効果が得られないので、できるだけ分配されないファンドを選んでください。

願わくば無分配型を選びたいところですが、日本の投資信託は基本的には最低でも年1回は分配することが形式的なルールになっています。

とはいえ新ＮＩＳＡでは、政府側も複利の効用を活かした長期投資を勧奨しているわけで、年1回の分配金を自動的にファンドの買い付けに回してくれる「分配金再投資型」のファンドを選ぶことが必須です。

また、年1回分配型ではありながら、運用会社の判断で長期的運用成果の最大化を目指して、実際は分配を留保してファンド内で再投資を徹底しているものもあります。

長期投資の選択肢としてはこうしたファンドが理想です。ぜひ探してみてください。

▼選んではいけない投資信託④　公社債投資信託

「元本割れのリスクが低いから」ということで、公社債型の投資信託を選ぶ方もいます。

公社債型の投資信託は株式を組み入れず、国債や社債などの安定した債券のみを組み入れていますが、金融緩和政策が続く国内の超低金利環境下では、リターンはほとんどありません。比較するなら、預貯金するよりもほんの少し良い程度です。

長年保有しても、資産を増やすという観点からは適していないので、避けてください。

▼選んではいけない投資信託⑤　企業グループ株式ファンド

グループ株式ファンドとは、特定の企業グループに属している子会社、関連会社にのみ投資するファンドのことです。

投資信託を活用する目的のひとつは分散投資によるリスク低減にありますが、特定のグループ株式ファンドはたとえ銘柄数は分散されていても、本源的なリスク・リターンの源泉がグループの親企業に集中しており、グループ企業のみでポートフォリオを作ったところで本来の銘柄分散効果は期待できないと考えられます。分散投資の観点から鑑みたら、投資信託として論外の選択肢です。

▼選んではいけない投資信託⑥　純資産総額が50億円以下

投資信託の持続可能性を考える上で、まず私がチェックするのは純資産総額の大きさです。

純資産総額が、50億円に満たない投資信託は避けた方が良いと私は思っています。純資産総額とは、投資信託に組み入れられた資産を時価総額で評価した金額です。投資信託の購入価格となる「基準価額」は、この純資産総額を受益権口数で分割した際に算出した1万口あたりの純資産額です。

少し込み入った話になりますが、投資信託の約款には、繰り上げ償還条項が定められており、受益権口数が一定の口数を下回ると償還期日前に繰り上げ償還されてしまう場合があります。経験上、そのラインのひとつが、純資産総額50億円に満たない場合が挙げられます。

ちなみに、現在ある投資信託の3分の2は、純資産総額が50億円という条件を満たしていません。そう考えると、自然と選ぶべき投資信託の選択肢が絞られていくことがわかるでしょう。長期投資を続けていくための投資信託なのに、勝手に運用が終了してしまう可能性があるファンドをわざわざ選ぶ意味はまったくありません。

▼選んではいけない投資信託⑦　組み込まれている銘柄が多すぎる

これは指数に投資するインデックスファンドではなく、とりわけ銘柄選択を重視して運用すると謳《うた》っているアクティブファンドに関しての注意点のひとつです。

投資対象とする市場が単一なのか、あるいはグローバル運用なのか、あるいはベンチマーク（ターゲット指標とする指数）の有無など複合的な判断が必要であり、銘柄数がいくつなら良い、悪いといったデジタルな答えはありません。

とはいえ、せっかく銘柄選択にプロフェッショナルの力が発揮されて、相対的に高いコストを所与としながらも、長期的にインデックスを凌駕《りょうが》する成果を目指すのが、銘柄選択力の要諦であるべきですが、投資銘柄数が多くなればなるほど運用成果はインデックスに収斂《しゅうれん》していくことになる傾向は、合理的に考えて、否めません。

従って言わば資産運用の王道とも言える銘柄選択力を競う本格的アクティブファンドを選んでいく上では、投資対象とするマーケットや資産クラスに対して、相対的に多すぎる銘柄のファンドはインデックスに近い運用成果となりやすく、銘柄数が厳選されて絞り込まれるほど、インデックスとは乖離《かいり》した運用成果になっていくというセオリーは理解しておいてください。

いずれにしろアクティブ運用は運用者の個性の表現であり、理念の実践であるべきというのが本来の姿です。そうした本格的なアクティブ運用を徹底しているファンドや運用会社探しのひとつの大事な判断材料として、銘柄数を意識してください。

▼選んではいけない投資信託⑧　比率が偏った国際分散型

私自身が前職の時代からずっとみなさんに言い続けてきたことのひとつに、普通の生活者が長期資産形成に取り組むにあたって、まずは世界の経済成長を捉えた国際分散型ポートフォリオによる運用の推奨ということがあります。

さらには投資未経験だったり、値動きへの耐性に対する自信がない方々には、世界中の株式や債券を組み合わせた、国際分散型のバランスファンドの選択肢も良いでしょう。

バランス運用とは一般的には株式と債券のペアリングポートフォリオのことで、世界中の様々な国に分散投資することで、一カ国の国内情勢の異変や経済状況の影響をポートフォリオ全体では軽減できます。そしてバランス型ファンドの最大の美点こそが自分で「米国株式投資信託や日本株投資信託、米国債券に……」などと異なる資産クラスに分散投資する必要がなく、ファンドの運用者が資産配分管理やリバランス対応を行ってくれることでしょう。

なお、グローバルバランス型投資信託を選ぶ際は、「資産クラスの組入比率」について注意してください。

最もシンプルでわかりやすいタイプの資産配分内訳として、「国内株式」「国内債券」「海外株式」「海外債券」という4つの代表的な資産クラスを4分の1ずつ組み込むものがあります。しかし、日本株式と日本債券は、同じ日本市場への投資です。自分が投資した資産額の50％を、同じ日本市場に投資するというのは、世界経済の成長軌道へのアプローチという観点で考えると、日本に偏重しすぎており理に適《かな》っているとは言えません。

ちなみに世界の株式市場を見ると、2023年8月時点における世界45カ国の株式市場の時価総額は、米国が61・6％、日本は6・4％、英国が3・9％、中国が3・2％、フランスが2・9％、カナダが2・4％、スイスが2・4％、ドイツが2・1％という割合になっています（「myINDEX　世界各国のＰＥＲ・ＰＢＲ・時価総額」参照

https://myindex.jp/global_per.php)。

この割合に必ずしも沿う必要はありませんが、リアルタイムで的確に世界経済の成長を享受してお金を育てていこうと考えるならば、米国・欧州・日本そして新興国の配分が一定の合理的資産配分基準に則《のっと》った分散ポートフォリオを熟考すべきであり、日本への過剰配分タイプにはそうした合理性を損なうファンドが多いだけに注意を払ってほしいです。

他方でグローバル運用と謳いながら、日本への配分が一切除かれてしまっているポートフォリオのファンドもあり、それはそれで日本を無視した国際分散投資は乱暴すぎると思います。いずれにしろ国際分散型の配分比率やバランス型の資産クラス配分には、ファンドごとに独自の配分ポリシーがあるので、きちんと自ら納得できる考え方の商品選択ができるよう、しっかり調べて判断してください。

第5章

インフレ時代を生き抜く、良いアクティブファンドの選び方

成長投資枠ではアクティブファンドを選ぼう

新ＮＩＳＡでは投資信託を長期運用して、上手に資産を増やしていただきたいと思いますが、本章でおすすめしたいのは、成長投資枠で「本格的なアクティブ運用を行う投資信託」を購入するという提案です。

従来のＮＩＳＡであれば、一般ＮＩＳＡは年間１２０万円、つみたてＮＩＳＡは年間40万円までしか非課税投資枠がなかったので、「上限枠ギリギリまで自分が気に入った銘柄を1本買って、ひたすら持ち続けなさい」とお伝えしてきました。

ですが、新ＮＩＳＡは最大１８００万円の枠がある上、投資枠を使い切っても商品を売却したら、翌年から投資枠が復活します。仮に、5年以上かけて１８００万円の上限額を使い切った上で、１００万円相当の投資口数を整理したら、翌年にはまた１００万円分の非課税投資枠が復活します。

新制度では、行動選択の幅が大きく広がるわけです。逆に言えば、1800万円もの金額をひとつの銘柄に絞って投資するのは、現実的ではないと言えましょう。

つみたて投資枠の対象となるのはインデックスファンドがメインになりますが、成長投資枠では個別株投資もできるし、アクティブファンドも選択できます。

だから、**今後は改めて成長投資枠でのアクティブファンド購入に、目を向けてみてはどうかと思います。**

なぜ、インデックスファンド〝だけ〟に偏るのは良くないのか?

ここ数年、空前のインデックスファンドブームが続いています。

流行の投資関連本などを読むと、こぞって「S&P500に投資しなさい」「eMAXIS Slim 全世界株式(オールカントリー)に投資しなさい」と書かれているものばかりです。

たしかに、市場の動きに連動する投資方法として、インデックスファンドは非常に合理的です。ただ無論のこと、インデックスファンドならすべて万能というわけではありません。

復習になりますが、インデックスファンドとは、市場の指数に連動した動きをする投資信託の一種です。

まず、日本に関連するインデックス（指数）としては、東京証券取引所に上場する全銘柄の時価総額を指数化したＴＯＰＩＸや日本経済新聞社が選定した２２５銘柄から成る日経２２５（日経平均株価）などが挙げられます。インデックスファンドを買い、これらの指数に投資することは、ＴＯＰＩＸなら２０００社前後、日経２２５なら２２５社の株を一気に買い、投資するのと同じこと。

昨今話題になっているＳ＆Ｐ５００は、アメリカの上場銘柄５００社の株価指数と連動した動きをするインデックスファンドです。

世界一の投資家といわれるウォーレン・バフェットが、自分の妻に「もし自分が死んだら、資産の90％をインデックスファンドであるＳ＆Ｐ５００に投じろ」と伝えたエピソードは有名ですが、それほどに米国株式市場は過去数十年間にわたって相対的に安定した高いリターンを実現してきています。

Ｓ＆Ｐ５００の過去のトラックレコードを見る限り、インデックスファンドに投資するのは非常に合理的な選択と言えますが、その背景には米国実体経済が過去長きにわたり、安定した成長軌道を描いてきたがゆえの相関関係があるからです。

要するに過去数十年を振り返ると、アメリカの産業界全体がきちんと付加価値を生んで、経済成長を持続させてきた。その結果として、Ｓ＆Ｐ５００はアメリカの産業界を代表する企業で構成されていますから、指数も相応に価格水準を切り上げて作ったと考えてください。

では仮に日本のＴＯＰＩＸをこれから長期保有していくとしたとき、果たして右肩上がりの安定したリターンが合理的に想定できるでしょうか。

昨年来、日本の株式市場は大きく上昇基調にあり、相対的に高いリターンを上げていますが、日本経済の滞在成長力を冷静に見たとき、少なくとも現状では長期に安定した成長軌道を想定しかねます。長期投資を考えるなら、将来において安定した成長軌道が合理的に想定しにくいマクロ経済に立脚した市場の指数は、合理的に価格を上昇させていく蓋然《がいぜん》性が乏しく、インデックス運用も投資対象をきちんと選択しなければ報われません。

インデックスファンドでは、悪い会社が淘汰されない

誰だって良い会社にはもっと良くなってもらいたいし、そのために自分の投資資金を活用したいと思うはずです。

良い企業に投資資金が集まり、魅力の薄い企業は資金を集めにくい、という選別がなされるのが資本市場の本来の機能です。従って市場の合理性に基づくのであれば、良い会社には高い株価がついて、弱い会社は低い株価がつくべきです。

しかし、インデックスファンドの場合は、「指数上場企業」という枠組みに入ってしまえば、仮に「良くない会社」であっても、自動的に資金提供することになります。本来は「良いと思った企業に自分の資金を託す」という投資行為による選別機能がなくなってしまいます。

良い会社も悪い会社もごちゃまぜになって、等しく投資資金が流れ込む状態を作ってしまうこと。それが、インデックスファンドの弊害のひとつです。

日本の株式市場においてこのフィルター機能を弱体化させた一番の原因が、日本銀行の存在です。日銀は金融緩和のひとつの手段として、２０１０年から10年間にわたって国内株式指数連動型上場投資信託（ＥＴＦ）を買い入れており、２０２３年3月時点ではその保有時価総額は53・１兆円にも上っています。

２０２４年に日銀がマイナス金利を解除した際、今後のＥＴＦの買い入れ停止も発表したものの、すでにこれだけ多額の資金が上場企業に投入されれば、市場から淘汰されてしかるべき企業の株価も全部上がってしまいます。結果、本来ならば評価されてほしい会社と評価されるべきではない会社が一緒くたになって、「上場している会社は全部良い会社」のように見えてしまうのです。

「インデックスはアクティブに負ける」は本当か？

『敗者のゲーム』という米国の名著がインデックス運用におけるバイブルであり、その記述の中には、たしかに、「10年、15年単位の長期的に見ると、アクティブファンドの8割はインデックスファンドにパフォーマンスが負ける」という有名なデータもあるため、「アクティブファンドはインデックスファンドに負けるのだから、持っていても意味がない」と思う人も多いでしょう。

しかし、本当にそうなのでしょうか？

たしかに、日本で購入できるアクティブファンドの数自体は多いのですが、実際のところは、真に長期的運用成果を目指して設計されているファンドは非常に少ないのです。

「S&P500」に負けた大型株アクティブファンドの割合

期間	負けたアクティブファンドの割合
1年間	66.00%
3年間	93.39%
5年間	88.30%

※「SPIVA®U.S.Scorecard」(2016)参照

運用業界の人間としては非常に言いにくいことですが、目論見書では中長期的な運用資産の成長と運用方針を掲げていても、実際は短期的な目線で設定されるファンドの方が圧倒的に多いのです。

「AI関連」「宇宙関連」「ESG関連」など、これからトレンドになって値上がりしそうなテーマを掲げて、「これは儲かりそうだな」という人々の射幸心を煽り、お金を集めること自体が目的になっているファンドはいまでも後を断ちません。

こうしたファンドは流行に乗って一時的には値上がりしますが、マーケットの流行が旬を過ぎると、大幅に下落して損をすることも多いですし、途中で運営が成り立たず、中途償還されるケースもあります。世界全体を見ても、こうした粗悪品のアクティブファンドの数は多いのです。

たしかに、こうした粗悪なファンドが平均点を下げていますが、それらがすべてのはずもなく、真っ当に本格的な長期運用を見据えてどっしり取り組んでいるファンドも存在しています。

むしろ、真面目に素敵な会社をしっかり選んで、その会社の価値が上がるまで長い時間をかけて持ち続け、産業資本をしっかりと提供するような本格派の銘柄選択を行うアクティブファンドに出会えれば、これからの時代は大きなリターンとして返ってくるはずです。

インデックスファンドにおける業界の不都合な真実

昨今の我が国での超低コスト化進行を伴ったインデックスファンドブームは、実のところ運用業界にも販売金融機関にとっても決して嬉しいことではないのです。

たとえば、米国における投資信託残高は日本の20倍超の巨大規模があります。そしてインデックスファンドのコストは、残高規模が拡大するに従って徐々に切り下がっていき、現状の世界最低水準を実現しています。米国ではバンガード社がそのプライスリーダーとして君臨してきましたが、日本をはるかにしのぐスケールがあるからこそ、超低コストでも十分に事業利益を確保できます。

一方の日本は、投信残高が米国のそれとは比べものにならない規模しかない中で、アメリカと同じような低コスト水準での提供がなされています。eMAXIS Slimシリーズのように残高が4兆円近くあれば運営コストは相殺されますが、仮にインデックスファンドで数百億円程度の残高しかない場合は赤字にしかなりません。

にもかかわらず、多くの運用会社はインデックスファンドブームに落伍《らくご》しまいとコスト引き下げ競争に血道をあげて、残高の面取り合戦を繰り広げて赤字をたれ流していきます。

インデックスファンドはどの運用会社のファンドでも中身は同じですから、競争差別化するときの方法が値下げということになって、言わば業界全体が自爆していくような構図になってしまいました。さらにそれらを取り扱う販売金融機関にとっても、販売残高を積み上げてもすずめの涙ほどの利益にしかならず、超低コストインデックスファンドに投資家資金が流入していくことに危機感を高めている、という不都合な真実の実態があるのです。

インデックスファンドには逆風の時代が到来？

さて、この20年間は相対的に好成果を上げてきたインデックス運用ですが、今後も同様の有位性を発揮し続けられるかは、はなはだ難しい投資環境の大転換が訪れました。

これまでインデックス運用が相対的に有利だったのは、グローバルにディスインフレの経済構造が長きにわたり続くとともに、金融緩和政策が先進国全体で継続されて、未曽有の過剰流動性が株式市場全体を押し上げてきたことが大きな要因なのです。

その理由を説明するため、現在の世界経済について紐解いていきましょう。

ここ20年間、世界は全体的に「金余り」の状態が続いていました。特に大きな契機となったのは、2008年に起こったリーマンショックです。住宅ローンの不良債権化によって、アメリカの有名投資銀行であるリーマンブラザーズが、前代未聞の6000億ドル超という負債額を抱えて倒産。世界中で金融恐慌が起こりました。

この状態になると、ジャブジャブとお金を市場に注ぎ込まないと、実体経済が壊れてしまう。そこで、世界経済を支えるため、先進国の中央銀行では大規模な量的金融緩和が行われるようになったのです。

米欧日がこぞって紙幣を大量に刷って世の中にバラまいたので、市場にはお金が余ります。余ったお金の使い道として、多くの人が選んだのが株式市場です。ダブついた資金が市場に大量に投じられたことで、株価は右肩上がりになりました。

2013年からのアベノミクス相場も、まさにこの大規模な金融緩和の末に起きたものです。世界の時流に乗って、第2次安倍内閣が掲げた「日本再興戦略」によって、日本でも大規模な量的金融緩和が行われることになりました。やはり余剰資金の行き先の主役は株式市場となり、この時期、日経平均株価は急騰したわけです。

こうした過剰流動性により一気に大量に株式市場に流入してくる資金は、企業の選別などをしている余裕がありませんから、こぞって市場全部を買う。即ちインデックス運用に偏重して行ったのです。そうした資金フローは、インデックス対象企業すべてを買うわけで、優良企業もそうでない企業も同じように株価が上がっていく。それならインデックス運用で十分な成果が出るし、一生懸命に銘柄選択しているアクティブ運用が成果を出すことが難しい相場環境が続いたのです。

世界的な株高を引き起こしたグローバル経済

2000年以降、世界的に長きにわたってインフレが起きにくい、ディスインフレ経済が続いた大きな要因は、グローバリゼーション構造の進展にありました。

1989年にベルリンの壁が崩壊する以前、世界は資本主義国家による西側諸国と、社会主義国家による東側諸国の二つの陣営に分かれていました。しかし、東側のリーダーであったソ連が崩壊し、東西冷戦が終結したことで、世界が一体となった経済活動が行われるようになります。

日本を含めた西側諸国は、これまでは地球の半分としかビジネスをしていなかったのに、急に中国やロシア、東ヨーロッパなどともビジネスができるようになりました。これは大きな変化でした。

原材料や人件費もこれまでより安くなったし、それらの国々に商品を売ることもできるので、市場も広がる。日本企業にしても、中国に工場を作れば、日本とは比べ物にならないほど安いコストで大量に商品を作れるため、多くの企業が日本国内から中国へと生産の拠点を移しました。

かように先進国企業は競って中国をはじめとした新興地域をベースとしたサプライチェーンを定着させた結果、世界全体で物価が上がりにくい状態が続きました。

インフレになりにくい経済環境下では、先進国の中央銀行は景気下支えの金融緩和をずっと続けることができたが故に、余剰マネーは株価全体を押し上げ続ける。そしてお金の量が市中に増えてもインフレ率が上がらない。なので低金利も維持される、というおよそ教科書にはなかった「適温相場」が続いて、インデックス運用が有意性を存分に発揮された環境が続いたと言えましょうか。

景気に負けない「良い会社」にだけ投資するファンドを探す

しかし、ロシアのウクライナ侵攻が、エネルギー価格急騰を現出して、突如として世界はインフレ前提経済に大転換したのです。インフレ経済が恒常化する中では、企業業績が顕著に明暗を分けるようになります。

即ち、インフレに打ち勝つ会社と克服できない会社が明確に峻別《しゅんべつ》されていくでしょう。

インフレによる収益率低下を回避するために商品を値上げしても、消費者に受け入れられるとは限りません。「こんなに値段が上がるなら、今後は買わなくても良いか」と消費者にそっぽを向かれるサービスや商品しか提供できない企業は、業績悪化が避けられません。

他方で「これは良いものだから値段が上がっても買いたい」「必要なものだから買わなきゃね」と多くの消費者が思う商品やサービスを提供する会社は、売上を減らすことなく、利益もインフレを吸収してその分の名目ベースで拡大していきます。

普通以下の会社がなかなか値上げに踏み切れずに利益を減らす一方、**強い会社の場合は、今後も原材料費や人件費などのコストが上がった分を値上げしても、「この会社の商品やサービスは必要だから」と多くの人から支持を受けるので、売上が減ることはありません。これこそが「良い会社」です。**

当然のことですが、利益を出し続ける強い会社とそれ以外の会社の間では、株価に大きく差がつくでしょう。

事実、私たちのようなアクティブ運用者側から見れば、インフレへの大転換は、「良い企業」が「強い企業」として浮かび上がる絶好の投資環境の到来であり、ここで浮かび上がってきた強い会社の株式を保有し続ければ、インデックス運用をはるかに凌駕する成果が出せるわけです。

素敵なファンドの見分け方は「推し活」と一緒

では、「素敵な会社を選び抜く力」を持つ、魅力的なアクティブファンドを見つけるにはどうしたら良いのでしょうか。

結論から言うと、専門的な視点からはいくつも見分けるポイントがあるのですが、生活者投資家であるみなさんにとって一番大切なのは「そのファンドの投資哲学や理念がはっきりしていて、さらにその理念に自分が賛同できること」だと私は思います。

簡単に言えば「推し活」と同じです。

誰が運用しているのか。

その運用会社は本当に真面目な運用を行っているのか。

この人がやっているファンドが好きになれるのか。

この運用会社の考えていることは信頼できるのか。

それらを確認した上で、ファンドの方針に自分が共感できるかどうかが、一番大切だと私は思います。


信頼できるプロを選ぶことが、マーケットの動きに惑わされずに投資を続けるコツでもあります。

どんなに将来性のある素敵な会社に投資していても、常に株価が上がり続けることはありません。

たとえば世界で必要とされる半導体技術を扱う企業の株式を保有していたとしても、半導体不況がくれば株価は下がります。また、成長企業を選別するグロース運用にとっては、割安企業が優勢なバリュー相場のときにはパフォーマンスを上げづらく、市場トレンドがグロース優勢に変わるまでしばらくの期間は耐えなければなりません。

運用パフォーマンスが逆風のときには、多くの人は不安になるもの。

でも、「このファンドが運用しているのなら大丈夫」との信頼があれば、多少の変動があったとしても「マーケットの状況が変わったら回復しますよ」と安らかに耐え続けられます。

そして、ファンド側にしても、投資家の方々に、そうした強固な信頼関係に裏打ちされた安心感を持ってもらうことが、大事なミッションだと思います。

そのファンドが発信する情報には必ず目を通そう

推しのファンドを見つける上で必要なのが、情報の発信元をきちんと確認することでしょう。

世界の投資信託に目を移してみると、運用会社のトップは明確にパーパスと経営理念を語り、現場の運用者はどんな人か、どんな想いを持ってファンドを運営しているかを表明するのが当たり前です。特に、ファンドの運用方針には、私たち運用者の経験知と運用哲学がすべて凝縮されているとも言えます。

しかしながら日本の投資信託の現状においては、とりわけ国内大手運用会社ではいまだに運用者の開示はすすんでいません。

国内大手運用会社は言わばなんでもありな投資信託のデパートなので、なおさらのこと、各社の運用における個性や専門性を示しにくいということはありますが、それにしても日本の投資信託から発せられる情報は画一的で、運用側からの情熱が投資の魅力を伝える力に乏しいと言わざるを得ません。

私は、ここに日本の投資信託業界の大きな問題点を感じます。

日本の運用者が顔を出さない理由は、運用成績が悪かったときに責任を取らされるのが嫌だから、といった理由が常態化しています。事実、業界内では、名前を出さない理由について「運用成績が悪いと、いつ駅のホームから突き落とされるかわからないから」という冗談が交わされるほどです。

そのほか、大手の場合は「会社のブランドがあれば、それで信頼性は十分にあるだろう」との考え方もあるのでしょう。

自分の大切な資金を託すのですから、本来ならば「この人が運用しているなら間違いないだろう」と思える人に、そして信頼して共感できる運用会社のファンドを保有したいものです。

近年は金融庁もこの問題に意識を向けるようになったのと同時に、大手運用会社も米欧の運用会社のように、自社のフラッグシップとなるファンドを長期に育てていく必要性を認識しており、やがて国内の様々な運用会社からも、誠実な情報開示と個性が表現された、本格的なアクティブ長期投資のファンドが生まれてくることを期待しています。

「ファンドの手数料は安い方が良い」は間違い？

アクティブファンドをおすすめすると、「インデックスファンドよりも信託報酬が高いのが気になる」という方も多いです。

たしかに、インデックスファンドは超低コストの商品が普及して、同じ指標のインデックスファンドを比べるならば、基本的に中身は同じですから、コストが一番安い運用会社のものを選択するという考え方には十分な合理性があります。コストが安い分だけ投資家のリターンが上がる、というロジックは確かにその通りでしょう。実際その理解が一般化してきたことで、「eMAXIS Slim」シリーズに圧倒的な人気が集まっているのだと思います。

そもそもインデックスファンドの運用コストがアクティブファンドに比較して格安に

提供されているのは、運用業務としては特定指数に値動きが連動するようルーティン管理するだけで、要するに個有の投資判断を行わないコモディティ化した商品だからです。

他方でアクティブファンドは投資先の調査・分析やポートフォリオ配分の管理を通じたリクスコントロールなど、各々独自の運用プロフェッショナルの投入における知的財産の提供対価が運用報酬としてコストに反映されるため、当然のこととしてインデックスファンドより割高になりますが、そうしたコスト控除後でインデックスを上回る運用成果を目指した商品であり、資産運用の成り立ちから考えて、本来アクティブ運用が王道であることは言うまでもないことです。そしてアクティブ運用の中でもメインストリームは銘柄選択であり、そのために、投資対象企業の業界やマーケット周辺を一生懸命学んで、分析して、調査もします。

特に大切なのが、企業との対話です。良い会社を一生懸命分析するとともに、一度購入した投資先には「良い会社をもっと良いものにしよう」「ダメなところは正そう」という姿勢を持たなければいけません。これは、本来運用者における社会的な責務です。

そうしたミッションの重要なひとつが、議決権の行使です。株式を保有して、株主になれば、その会社の経営の最終決定機関である株主総会に出て、議決権を行使して、「こんなダメなCEOが経営に携わるのはダメだ」「この議案には賛同できない」などと賛否の意思を表明しなければいけません。

ただ、**そうした判断を適切に実践するためには、かなり時間やコストがかかります。企業全体への深い理解と洞察を重ねることにより、確信度を高め納得性を持った決断をする。ファンド運用者ならば、当然の責務として誰もがやるべきことです。これは、本来インデックスファンドも同様です。**

しかし、TOPIXに並ぶ2000社近い会社の議決権に真面目に対峙《たいじ》するには、膨大な労力とコストがかかります。インデックスファンドの安価なコスト水準では、実際それらを完遂することは難しいでしょう。そうした観点からも資産運用の本分を履行し得ないインデックスファンドは、アクティブファンドとは別次元のプロダクトだと言えましょう。

インデックスファンドは合理的な運用ですが、無機質です。信頼と共感でつながる本物のアクティブファンドに資金を託し、お金を通じて社会や産業界に自らの意思表示をしていく。それが長期投資の醍醐味でもあります。

推せるファンドが見つからなくても、焦らなくて良い

ここまで読んで、「魅力的なアクティブファンドを見つけるのはなかなか大変そうだ」と思った方も、慌てなくて大丈夫です。

新NISAの制度は始まったばかり。一過性のブームとして終わるはずもありませんし、そうなってもいけません。

もしも、気になるファンドがなければ、来年、再来年と時間をかけて、じっくり探せば良いのです。

今後、時間をかけて中身は劇的に充実していくはずですし、状況も年々変わって改善

されていくはずです。なので、慌てて妥協する必要はありません。

新ＮＩＳＡは仮に投資上限額を使い切っても、その商品を売却すれば、再びその売却分の枠を利用することができます。やり直しを何度でも許容してくれる制度なので、仮に一度変な商品を買ってしまっても、売却して新しい商品を買えば良いのです。

いかに長期投資は時間が大切といっても、急いで投資上限額まで使い切る必要はありません。

信頼に足る真面目なファンドが増えて、良いファンドをしっかりと選べる土壌ができれば、ＮＩＳＡ制度がより充実して普及していくはずです。課題はたくさんあるでしょうが、これから毎年より良くなっていくでしょう。

一度は様子見として、世界経済に投資するeMAXIS Slim 全世界株式（オールカントリー）などを購入しておいて、より良い商品を見つけたら売却すれば良いのです。

なお私自身が立ち上げた新会社「なかのアセットマネジメント」では、本格的なアクティブ運用にこだわって、グローバルに株式投資するファンドと日本株に投資するファンドの2本立てで運用を始めます。

個人的には、忍耐強く資産形成するために、世界の成長にグリップするグローバルなファンドを中核に据えるとともに、自らの意思を反映させて日本の未来を良いものにする日本株ファンドを併せ持つ長期投資が素敵だなと感じています。

S&P500より、オールカントリーをすすめる理由

つみたて投資枠ではインデックスファンドを購入される方が多いのだと思います。そこで、本章の最後に、近年よく議論されている「インデックスファンドを選ぶなら、S&P500と全世界株式（通称・オルカン）のどちらが良いか」について論じておきたいと思います。

つみたて投資枠に選ぶインデックスファンドとして、私はS&P500よりも全世界株式の方が合理的な選択だと思います。

最大の理由は、S&P500は「国際分散投資」という点では、あまり理に適っていないからです。

同銘柄は、アメリカの上場企業500社に投資するもの。たしかに、この20年間はアメリカの株式市場が世界市場を凌駕したかもしれません。でも、直近数年間の勢いは、間違いなくマグニフィセント7（グーグルの親会社アルファベット、アップル、フェイスブックを運営するメタ・プラットフォームズ、アマゾン・ドット・コム、マイクロソフトを総称したGAFAMと呼ばれる主要5社に、エヌビディアとテスラを加えた7社）と呼ばれる一部のテクノロジー企業に偏っています。

実際、S&P500の時価総額の3割は、このたった7社が占めています。そのため、運用現場では、これら7つの企業を入れたS&P500の成績と、入れてない成績を比較し、アメリカの動向を分析しているほどです。

米国株式市場はこれまで20年間にわたって、平均的な株式市場の想定期待リターンを上回る、言わばでき過ぎのリターンを捻出してきましたが、これから先の数年間がどうなるかは誰にもわかりません。

このような理由で、**アメリカ一択にはせず、欧州や日本、新興国なども組み入れられている全世界株式を選ぶ方が、長期的にグローバルな経済成長軌道を捉えるとの観点から合理的だと言える**でしょう。

第6章

積立投資を始める前に、導入するべき日頃の習慣

積立投資で生まれる「精神的な安定」を得るために

本書の結論は、「いま、手元に大きな資金のない人が、投資で着実に資産を増やしたいのであれば、積み立てによる投資信託がベストウェイ」ということになります。

こうやって資産を積み立てることは、老後の働けなくなった未来の自分への先行投資でもある一方で、人生の選択をする上で、大きなプラスの効果があります。

多くの人は「老後が心配だ」と言いつつも、何が不安で、何が足りてなくて、どんなことが問題なのかが具体的にはイメージできていません。だから、不安になるのです。

でも、現時点で自分にできることを少しでも積み上げて、人生をシミュレーションしておけば、余計な不安を抱えずに済みます。

そんな精神的な支えが生まれるという点でも、「いま手元にお金がない」という人ほど、資産形成をしたいのであれば、小さな元手でも時間をかけて着実に資産を形成でき得る積み立て投資を実践するべきです。

ただ、積み立て投資を行う上で、ひとつのハードルがあります。それは、「作業が地味すぎて飽きちゃう」という点でしょうか。

積立投資は、長期間にわたって継続することで利益が増えるものだし、コツコツとお金を育てる作業であり、1日にして大金が増えたり、減ったりする短期トレードとは、まったく別次元の行動です。

そして、地味だからこそ、日々の習慣に組み込むごとく基本的なルールを設定しないと、長期間継続が難しい。そこで無意識に忘れてしまうように、生活習慣のリズムの中に包含させてしまうことによって、積み立ては退屈で飽きちゃうという概念からも解き放たれるのです。

最近は、特に若い人の間で、「老後が心配だから、いまから貯蓄をする」という考えが強くなっていると聞きます。私の若い頃に比べると、まったく比較にならないほど堅実な経済観念を持っていると、感心してしまいます。

ただ、若いうちにやみくもに貯蓄ばかりしていては、人生も楽しめないし、自己投資ができないがゆえにキャリアアップの機会を失ってしまうかもしれません。何より、「何もかも節約して貯蓄する」という考え方では、いまという充実させるべき大事な時期を無駄にしてしまいかねません。

それは貯蓄から投資への気付きを得て積立投資を始めた人にも同じことで、何より無理は禁物なのです。

本章では、より長きにわたる積立投資を心穏やかに続けていくため、日々の生活に取り入れるべき習慣や心がけをご紹介していきます。

相場が下がっても落ち込まない

まず、長期投資を続ける上で忘れてはならないのが、「日々の相場に一喜一憂しないこと」です。

相場は、常に上下するもの。長年積み立てを続けていくと、何年かに1回は大きなマーケットの下落にどうしても直面します。市場全体が下落すれば、自分の保有する投資信託の評価額も同様に下落します。

そのときに、「こんなに評価額が落ちるのなら、これ以上下がる前に手放してしまおう」という損切りの心理が働くことがあります。

でも、そんな恐怖心から積み立てをやめるのは厳禁です。

損失額がどんどん膨らんでいく様子を見るのは、たしかに恐怖以外の何物でもないでしょう。「もしも、評価額がもっと下がってしまったのなら、これまで積み立ててきたものはなんだったのか」などと最悪の状況を考えることもあるでしょう。

ただ、マーケットは上がったら下がるし、下がったら上がるものです。相場が上がったから利益確定のために解約する、下がったから損切りのために解約する……というのは、長期にわたって資産形成をする上では、禁じ手です。

マーケットは、不定期に大きく揺れ動くものです。その後、相場がどのように動いていくかは、誰にもわかりません。むしろ、一時的な下落が、長期的に見れば上昇局面の入り口である可能性もあります。

よくあるのが、下落が続いて解約した時点がまさに下落の大底で、そこから一気に上昇していくパターンです。そのとき、「判断を誤った！」と後悔しても、遅いのです。

長期投資に最も大切な時間を味方にし続けるためには、積み立て投資を継続する強い意志を持つことが大切です。

１００年に1度の大暴落といわれたリーマンショックの際には、多くの投資家が「これはもうどうにもならない」と絶望して、自分の投資商品を売却しました。しかし、その後、やがて相場はリバウンドして、各国の株式市場ではリーマンショック直前の高値を超えて上昇して行ったことはみなさんもご存じでしょう。

積み立て投資を行う上で必要なのは、忍耐力です。日頃は評価額の上下やマーケットの上げ下げを気にせず、淡々と積み立てていったはるか先にこそ、大きな果実を手にできるのだと心得てください。

そして長期投資の旅にはつきものである、幾多の相場変動にうろたえないためにも、自分が信頼できるファンドを探し当てて、資産をゆだねることがより一層重要になってきます。本書でお伝えしたような条件を参照して、中途半端な勢いで決めるのではなく、自分が納得して、その後も長期に信頼して付き合っていける投資信託を選んでいきましょう。

下がったときのリスクを減らす「ドルコスト平均法」

積み立て投資を実践する上で、知っておいていただきたいのが、俗に言う「ドルコスト平均法」です。

これは、**同じ投資商品を一度で購入せず、時間を分散して定期的に分割して同額で購入することで、金融商品の取得単価を平準化させる手法**です。

大前提として、投資信託の基準価額は、常に変動するものです。

ドルコスト平均法の考え方の例

株価の動き		1,000円	1,500円	500円	1,000円	合計	平均購入価格
定額購入法の場合	購入株数	10株	6.7株	20株	10株	46.7株	1株あたり
	購入額	10,000円	10,000円	10,000円	10,000円	40,000円	**856.5円**
定量購入法の場合	購入株数	10株	10株	10株	10株	40株	1株あたり
	購入額	10,000円	15,000円	5,000円	10,000円	40,000円	1,000円

※日本証券業協会 WEB ページ参照

安く買うことができれば一番ですが、その買いどきを見定めるのが難しいことは、本書でも何度もお伝えしてきた通りです。高値づかみすることになるリスクを低減させる有効手段が、定期的に購入タイミングを分散させ同額で投資商品を購入することなのです。

わかりやすいように、具体的な数字に置き換えてみましょう。

たとえば、1カ月目は1万円の基準価格だった投資信託が、2カ月目は1万2000円、3カ月目は9000円、4カ月目は1万1000円、5カ月目は8000円、6カ月目は7000円に値段が推移したとしましょう。

このときに、仮にこの投資信託を毎月3万円ずつ積み立てて購入していた場合は、1か月目は3万口購入できますが、2カ月目は2万5000口、3カ月目は3万3333口、4カ月目は2万7272口、5カ月目は3万7500口、6カ月目は4万2857口になり、トータルは19万5962口になります。

積み立てた金額自体は18万円ですが、評価額自体は13万7173円です。評価金額だけを見ると4万円強の損失が生じていますが、仮に最初の月に18万円分を一括で買っていた場合は、総口数は18万口になっていたでしょう。仮に、6カ月目の基準価額である7000円で算出すると、保有口数の評価額は12万6000円となり、もっと損失が大きくなります。

同じ金額支払っているのに、なぜ損失を下げることができたのか。それは、基準価額が下がった際に、その分だけ多くの口数が購入できたからです。

価格下落の局面では、定時で定額購入したときの方が、一括購入に比べて損失が少なくて済むのです。

もっとも、同じ原理で考えると、常に投資信託の価格が上昇している状態では、ドルコスト平均法に従って定時定額購入するよりも、一括で購入した方が同じ金額でも購入口数が増えるので、利益は大きくなります。

しかし、マーケットは常に上昇を続けるわけではありません。20年、30年という長期スパンにわたって資産形成を考えるのであれば、上昇だけではなく下降する局面に対応する必要があります。

その上で、購入単価を長期的に平準化させてくれるドルコスト平均法という投資手法をきちんと頭に入れておきましょう。

老後2000万円を作る上で、積み立ての場合ならいくら必要？

積み立てを始めるとき、いくらから始めたら良いのかとの疑問を抱く方も多いでしょう。

答えは非常に難しく、ご本人の目指すゴール、かけられる時間軸、置かれた経済環境、年齢、家族構成などによって、大きく変わってきます。

蓄えるべき老後資金のひとつの目安となるのが、金融庁の金融審議会「市場ワーキング・グループ」の試算によって導き出された「2000万円」でしょう。

この「2000万円」との数値は、夫が65歳以上、妻が60歳以上の夫婦のみの無職世帯を想定した場合、毎月約5・5万円の不足が生じるため、20〜30年間での生活費の不足額が約1320万〜1980万円に上るとの試算に基づいたものです。

肝心なポイントは、誰も「2000万円なければ老後は暮らせない」と言っているわ

けではない点です。あくまでモデルケースによって算出された単なる平均値の数字なので、実態に即した試算ではないですが、あまりにも有名になった数字なのでひとつの目安としておきましょう。

会社員の人であれば、厚生年金もあるでしょうから、自営業の人とは受け取る年金額も違います。ただし、自営業で腕がある人であれば、現役でバリバリ仕事ができるので収入も下がりません。また、家族構成や生活スタイルによって求められる金額は異なります。

それでも、仮に退職などで仕事を辞める際、手元に２０００万円の資産があったなら、最低限の不安からは逃れられるのではないでしょうか。

では、退職時点に２０００万円の資産を作るのであれば、どんなプロセスが必要なのか。ご自身の資産状況や年齢などから逆算できるはずです。

たとえば、いま40歳の人が65歳で定年するまでの25年間で、２０００万円を目指す場合。

年利3％で毎月4・5万円ずつ積み立てれば、元本約1350万円で25年後には約2000万円になります。

この約2000万円の残額を年平均3％で運用しつつ、90歳の段階で資産0円になる計算で月々使っていくと、月額約9万4000円が自由に使えるお金になります。

2023年時点で、厚生労働省の「厚生年金保険・国民年金事業年報」（令和3年度）によれば、厚生年金を含む年金支給額の平均値は、男性が16万3380円、女性10万4686円といわれています。

仮にこの平均値くらいの年金に月額9万4000円を足すと、だいたい毎月20万～26万円の生活資金が手に入ります。

毎月100円、200円の投資では意味がない

真っ当な長期資産育成型の投資信託に積立投資していく目的は、自動的に毎月一定額を購入する仕組みを実践することにより、数十年経った後には十分な資産の形成が見込める点です。だから、リサーチや銘柄選出、ポートフォリオの組み換えなどに時間を使う代わりに、仕事やプライベートに思いっきり時間を投じることができます。

現在、ネット証券を使えば、100円から積み立ては可能です。手軽に始められるという点では、100円、1000円の積み立て投資はハードルも低くて魅力的かもしれませんが、この程度の金額を積み立てても、残念ながら時間を味方につけたところで十分な資産は形成できません。

毎月100円を30年間積み立てたとしても、元本部分は3万6000円で、仮に年利5%で運用しても5万2000円ほどです。それでは将来を豊かに過ごせる資産を作れ

たとは、到底言えないでしょう。

なお、早く始めれば始めるほど、そして積み立て額が大きければ大きいほどに、将来的に手にする資産は大きくなります。仮に、25歳から65歳までの40年間を毎月5万円、年平均3％で積み立て投資をしていたとしたら、最終的に手元に残る資産は4630万円にも上ります。

もちろん、いまここに例に出した5万円という支出を新たに捻出するのは大変だというのはよくわかっています。「そんな金額は無理だ」と思われる方が多いのは当然です。だから、まず始める金額は1万円、2万円からでも大丈夫です。少しずつ積み立て額を増やしてほしいと思います。

「月数万円も捻出できない」は思い込み

積み立て投資を続ける上で、守るべきルールは、積立金額を毎月の収入から無理のない範囲で設定することと同時に、積立拠出のプライオリティを家賃などと同等のステイタスに定めることです。

多くの方がおっしゃるのは「すでに日々の生活がきついのに、新たに投資の積立金を捻出できない！」という一言です。

その気持ち、よくわかります。世代を問わず、本当にギリギリの収支で頑張って生活している方々が、日本の生活者の圧倒的多数だとも言えましょう。あるいは本当は収入に余力があっても、あるだけ浪費してしまう人も少なくありません。

私自身、社会人になったばかりの頃は、世の中がバブル景気に浮かれている時代だったこともあり、手持ちのお金があればあるだけ使ってしまう「宵越しのカネは持たない生活」を送っていました。

人は元来低きに流れる生き物です。「これもできない」「あれも削れない」と考えすぎてしまうと、何もできませんし、ギリギリの生活だと思っている人でも、消費と生活パターンを再考して棚卸しをすることで、積立投資の拠出可能額は、本気になればそれなりに配分できるもので、そうした事例をこれまでもたくさん見てきました。

そこでご自身の日常生活に鑑みて、無理のない範囲で上限金額を把握して毎月積み立て投資額を定めるとともに、その支払い拠出優先度のステイタスを住居費の家賃と同等に、つまり最優先で口座引き落としになることを自ら許容し納得することが大事なのです。

そして実際に、**給与をもらって、家賃と積立投資のお金を引いて生活してみて、とても苦しかったか……というと、驚くことに、積み立てを始める前と感覚はさほど変わらなかった**という方が多いのです。

従って、言わば、最初から強制的に生活費から投資金額を差し引くことを習慣化させることで、長期投資が生活リズムに組み込まれるわけです。

住まいのコストを見直そう

コストを見直し、将来のための投資資金を生み出す上で必要になるのが「節約」です。「節約」とお伝えすると、多くの人は「電気代の節約」や「食費を減らす」などという方法を思い浮かべるようです。でも、こうしたこまごまとした節約は、続けていると心も疲れてしまうので、意外と長続きしないもの（もちろん「お得が好き」「節約が好き」という人は別ですが）。しかも、爪に火をともすような節約をしても、年間数万円程度の金額しか節約できないこともままあります。

そんな残念な結果にならないためにも、最初にやっていただきたいのが、日常生活の中で支出の多い部分をバッサリとカットするという節約方法です。

まず、支出として比重が大きいのは住まいのコストでしょう。

単純な話ですが、住む場所を変えれば、支出は大きく減らせます。仮に家賃16万円の家に住んでいるのであれば、11万円の家に住んだら、毎月5万円が捻出できます。引っ越し費用などは発生しますが、長期的に考えれば、そのまま高い家賃の家に住み続ける方が割高なのです。

最近は、不動産ブームなどでマイホームの購入を考える人も少なくないようです。低金利で住宅ローンが借りられるいまの時代であれば、たしかに家賃を払い続けるよりも毎月の支払額を減らすことは十分可能です。ただし、ここからのローン金利は長期固定を選択すべきでしょう。

そして、私自身は、自宅を買うのであれば、終《つい》の棲家《すみか》を物件選択の前提とするべきだと思います。値上がり期待で売却益を狙うような、投機的な観点は、この先ある時点から大やけどを負うことになる可能性を、冷静に考えて行動してください。

不動産の資産価値は、論理的には時間の経過に従って下がっていきます。現在のように人口が恒常的に減っていく状況では、自分が住んでいるエリアは将来的に人がいなくなる……ということもあり得るかもしれません。

住宅ローンの繰り上げ返済より、投資に回そう

住宅ローンを現在抱えている人の中には、少しでもローンを減らすために繰り上げ返済を行っている方もいるでしょう。繰り上げ返済とは、月々払っている返済額とは別に、余剰資金で元本部分の返済を行うことです。

この是非はケースバイケースです。即ち住宅ローンが相対的に高い固定金利であれば負債を減らしておくのは合理的判断と言えますが、最近組んだ低利の固定金利のローンならば、ここからのインフレ常態化を前提として考えるなら、実質的な債務の負担が軽減されていくので慌てて返済することが是とは言えないわけです。

今後の日本はデフレ経済からインフレ経済へと大転換していく中で、低利の固定金利による負債が、インフレ率を下回る水準になったとしたら、それは最早貴重なお宝ロー

ンと言えましょう。

インフレ前提社会ではインフレ率に収斂するように市中金利が上昇します。

インフレ下ではモノの値段が上がり、お金の価値が下がる、従って借金の負担も実質的に軽減されていくのです。ただし負債の金利条件が変動型だと、市中金利上昇に伴ってローン金利も引き上がっていくので、借金負担は減殺されないばかりか、インフレ率を上回る金利水準へと負担が増大していく可能性が高い。変動金利でローンを借りているならば金利が低水準のいまのうちに固定金利型へ借りかえるか、借入元本を減らしておくのがインフレ進行へのリスク回避手段です。そしてインフレ下でも余剰資金は現金を極小化させて、インフレを克服する長期投資にシフトさせることが合理的選択となるのです。

教育費はかけすぎなくて良い

お子さんがいる方にとって大きな問題となるのが、教育費との向き合い方でしょう。

昨今は、子どものことを大切にする親御さんほど、子どもを私立に入れたり、様々な塾や習い事に通わせる傾向が強いです。

たしかにかわいい子どもには、最高の教育を受けさせたいと思う方は少なくないでしょうし、気持ちはよくわかります。

しかし、子どもにお金をかけすぎたがゆえに、自分の老後資金をきちんと形成できないのは大問題です。なぜなら、老後、かわいい子どもにも迷惑をかけることになってしまうのですから。

まずは、**自分たちの老後資金をきちんと確保して、将来の自身に仕送りするつもりで長期投資を実践した上で、教育費を捻出しましょう。仮に毎月の積み立て額が5万円な**

ら、それを除いた余剰資金の範囲で教育費をかけるように心がけてほしいです。

子どもの教育費は、上限を作らないと青天井になってしまって終わりがありません。いっそのこと、「習い事をするなら、子どもがどうしても好きなものをひとつだけ」「塾には行かせるけれども、学校は公立にしか行かせない」など自らの経済的実状を客観視して、教育費こそ冷静に断捨離すべき対象ではないか、と再考してみてください。

親が老後や将来に不安を抱いたまま、「偉くなってくれ」と子どもにプレッシャーをかけるよりも、親自身がきちんと自分の老後の不安を長期投資で解消させておくことによって、子どもに過度な期待をかけないほうが、子ども自身にとっても幸せなのではないでしょうか。

生命保険は保障金500万円程度の掛け捨てで十分

将来に不安を感じている人ほど、その不安を軽減するため、保障性の保険商品に入りがちです。

まず、自分が亡くなったときに保険金が払われる生命保険について。こちらは、ご自身が住宅ローンを組んでいるのであれば、必ず団体信用生命保険に加入しているので、住宅債務に対する保険に入る必要はありません。仮に自分が返済途中で亡くなってしまった場合は、支払い途中の住宅ローンを代わりに支払ってくれるので、生命保険に入っているのとほとんど変わりません。

住宅ローンに加入していない方の場合も、数千万から億円レベルの死亡保障をかけている生命保険過剰契約者が、この国には実に多いのです。

もちろん大切な家族がいる方ほど、できるだけたくさんのお金を残してあげたいと思うでしょうが、死亡保障が高額であればあるほどに、当然毎月支払う保険料も高くなっていきます。

そして子どもが成人になれば必要保障額はぐっと小さくなるはずです。保障性保険は、各人のケースや価値観により、一概に必要性の是非を定めることは難しいのですが、日本では多くの方が過剰保険とみなせることも事実です。

仮に3000万円ほどの死亡保障がついた生命保険から、500万円ほどの死亡保障の保険へと変えた場合は、月間5万円くらいの資金が捻出できるのではないでしょうか。

預金は給与の3カ月分あれば安心できる

財形貯蓄についても、そこに投じるお金があるならば、積み立て投資に回したほうが合理的です。一時、財政貯蓄が良いとされる風潮もありましたが、当時はまだ金利がそれなりについたからこそ。

でも、現代では、財形の利回りはほとんど預金と変わらない金利しかつきません。さらに、自分で自由に引き出すことができないのもデメリットです。

企業の持ち株会制度についても、会社の補助金は優位性にはなりますが、分散投資という観点から考えると、いかに自分の会社だからといって、ひとつの会社の株を持ちすぎるのは過剰なリスク集中と言わざるを得ません。さらに自身の給料という食い扶持《ぶち》源とも重なるリスクテイクになるため、合理的な投資とは言い難いのです。

銀行預金は、給与の3カ月分も残高があれば十分です。

一般的には「万が一に備えて、現金で年収の1年分くらいは用意しておいたほうが良い」と言われますが、投資信託の場合は、いつでもファンドを売却すれば現金を手に入れることができます。銀行ATMほどはすぐにお金は出てきませんが、預金の代替資産と考えれば良いわけです。

介護離職はしない方が良い理由

長期積立投資が成り立つのは、安定的な収入があるからこそ。身体が動く限りは、できるだけ働き続けるべきだと私は思っています。

そんな中、最近気になるのが、介護離職する人が非常に増えている点です。しかし、周囲の人々を見てみると、いざ介護離職してみると、家庭の中でしか生きることができずに息がつまる人も多いようです。

子どもが自分の人生を犠牲にして親に尽くすという価値観は、私自身はあまり納得していません。なぜなら、親の面倒を見ることで、子ども自身がやりたいこともできない上、不幸な想いをするのは、本末転倒だと感じるからです。

一昔前であれば、子どもが親の面倒を見ないと、親が野垂れ死にしてしまうという事態もあったでしょう。でも、いまの時代は、日本には社会保障制度があって、介護保険もあります。

もちろん、親が困っていたら手を差し伸べるのは当たり前だし、何があっても見捨ててはいけません。ただ、「子どもが親の面倒を見るのが当たり前」だとは思うべきじゃないし、基本的には親も自立する意識を持つべきではないでしょうか。


欧米では、成人すると親子であってもそれぞれ自立した人格とみなされ、独立した人生を歩むケースが多いように思います。ただ、日本はまだ親と子どもはいつまでもお互いに依存し合う性質が強いでしょう。

その証拠に、日本では子どもが借金を作れば親が肩代わりしたり、親の借金を子どもが引き継いだりすることも少なくありません。

でも、本来は、自分の負債ではないのだから、家族が代わりに払う必要はないはずです。子どものふりをして高齢者の財産をだまし取るオレオレ詐欺が頻発するのは、親子の間の依存心が強い日本ならではだと思います。

本来、子どもが借金をしたなら、「なぜそんなバカなことをするんだ！」と叱りつけて、自分で払えないなら自己破産させ、もう1回ゼロからやり直させ、その際にはとことんサポートしてあげるのが親の役割でしょう。

場当たり的に借金を肩代わりしてやっても、子どもはまた同じことを繰り返すはずですし、自分の老後資産も減らすことになる。ダメな子どもを増長させるだけです。

親も子どもも、自分の面倒はしっかり自分で見るという意識を持って、きちんと資産形成することが大切だと思うのです。

早期リタイア「FIRE」はすすめない

私の場合は、仮に自分が高齢者になったとしても、元気である限り働くことをやめたくはありません。たいした給料をもらえなかったとしても、身体が動き続ける以上は社会に関わって貢献したいと思うのです。

一方、最近の日本では、「ＦＩＲＥ（Financial Independence, Retire Early）」と称して、経済的に自立した早期リタイアを目指す人が増えています。

この風潮を見るたびに、私は「あぁ、社会全体に余裕がなくなってきているのだな」と悲しい気持ちになります。それぞれの人には悪意があるわけではない。皆が自分のことで精一杯な上に、未来に希望を見いだせないからこそ、「とにかく自分が生き残れれば良い」と感じてしまうのでしょう。

ただ、この風潮について、ひとつの国の経済が停滞し、埋没していく過程を表しているようで、私は強い危機感を抱いています。

そもそも、仕事とは何のためにするものなのか。

仕事とは「ライフワーク」、すなわち、人生を充実させるためにするものです。ただ、いま世の中に生きる多くの方は、「ライスワーク」、つまり食べるためにするものだと捉えているように見えます。

ライスワークは苦痛でしかないし、苦痛に晒《さら》される人生を送りたくない。苦痛がない世界に行くには早期リタイアするしかない。FIREを目指す人の多くが、そう考えているのだとしたら残念です。

こうした生き方は、非常に刹那《せつな》主義的なものに見えます。

働くことは、世の中に貢献し、他人に尽くす行為です。いまの日本には、この概念が抜けているような気がしてなりません。

自分が社会の一員として生きている以上は、「自分が助かりたい」「自分が報われたい」と思う前に、社会に少しでも何ができるかを考え、できることに力を注いではどうかと思います。

力を注いだ分だけ、社会は確実に豊かになり、ひいては、自分の人生を明るくすることにもつながります。

もちろん自分の置かれた立場や環境によってできることも限られるし、何より運や不運もあるでしょう。でも、この意識を持って生きている人とそうではない人では、人格に大きく差が表れ、人生の豊かさも変わってくるように感じます。

「FIRE」も自らがライスワークと決別して社会や他者のために、経済的不安なく取り組みたい具体的な何かがあるのならば、それこそライフワークであり、ステキな選択だと思います。

長期投資には「終わり」を設定するな

「長期投資はいつまでやるべきですか?」

こんな質問に対して、一般的な金融機関では「投資信託はできれば3~5年は保有してください」と言われるそうです。

ただ、3~5年という年月は、決して長期投資とは言えません。もっと言えば、**長期投資には終わりはありません。一生運用を続けることが、正しい長期投資の在り方だと**

思います。

「投資をすれば経済的に楽できると思ったのに、一生投資を続けなければならないなんてつらすぎる」と感じた方もいるかもしれません。しかし、この数十年を見てもわかるように、世の中は簡単に移り変わります。

かつては世界2位の経済大国だった日本が、ゼロ成長を続けた結果、どんどん周囲の国に豊かさで追い抜かれてしまう事実が、まさにその好例でしょう。

数十年前は当たり前であった終身雇用や年功序列という社会制度も、消え去りつつあります。税金や保険料だって、数年スパンで改定されています。年金の支給額や支給年齢だって、今後ますます変わっていく可能性もあります。

資金に余裕があるのであれば、定年して収入がなくなっても積み立てた投資資産を継続するべきで、収入がなくなり積み立てはやめたとしても、現状、いますぐ資金が必要ではないならば、投資信託の運用は続けていった方が最終的に手に入る金額は大きくなります。もしお金が必要になったなら、そのときに必要な分だけ解約して、資産を取り崩せば良いのです。

「それでは、財産を残して死ぬこともあるのではないか」と思う方もいるかもしれませんが、人生100年時代を迎えて、長生きすればそれだけで生きるコストが必要になります。長期投資を生涯継続させることで、お金をさらに育てながら同時に100年人生を見据えて計画的に使っていく考え方が、これからの新常識だと理解してください。

投資信託は、そのまま相続財産として、子孫に受け継ぐことも可能です。投資信託を自分の子どもや孫に引き継いでもらえば、世代をつなぐ超長期投資が実践されて複利の大効果で子孫は大金持ちになれる——長期投資にはそうしたロマンもあるのです。

第7章

投資家マインドを持つことで、自分も社会も豊かになる

日本経済はなぜ世界から取り残されてしまったのか？

長期積み立てによる投資信託運用で、自分の将来の資産を蓄え、老後に対する不安を少しでも減らし、安寧な人生を送る。ただ、長期投資には、これ以外にも大きなメリットがあります。

それは、投資によって社会を成長させることです。

本書でも折に触れてその大切さについては触れてきましたが、本章ではページを割いて、その意義について論じたいと思います。

そもそも、なぜ、こんなにも日本の社会には希望が持てなくなってしまったのか。その理由は明白で、世界経済が成長する中、日本だけが置いてけぼりを食らっているからです。

少し昔の話をすると、戦後、高度経済成長を迎えた後、日本は１９８０年代後半から経済のピークを迎えました。１９９４年には世界における日本の経済規模の比率が一番大きくなり、世界経済の18％は日本だったのです。この時代を知らない若い世代の方からすれば、「え、本当に？」と驚いてしまうかもしれません。

しかし、その後、世界における日本の経済規模の比率はどんどん縮小の一途をたどります。

勘違いされている方が多いのですが、これは日本の経済規模が小さくなったからではありません。事実、過去20年間のスパンを見ても、日本の経済規模は、実はほとんど変わっていないのです

でも、日本が経済成長しない一方で、世界経済はどんどん成長していきました。21世紀に入ってからの20年間で、世界の経済規模は約２・５倍に拡大しています。

「豊かになりたい」という想いが、ビジネスを発展させる

世界全体が経済成長を続ける中で、日本だけが成長しない状況が続いた結果、世界における日本の経済規模は相対的に小さくならざるを得なかったのです。

今後も、人間の欲望が存在する限り、世界経済は大成長を続けていくはずです。生きている限り、誰しも「いまよりも少しでも豊かになりたい」「もっと便利なものが欲しい」「もっと素敵な社会に生きていきたい」と願うものです。

これらの人々の願いを実現化するのが、ビジネスです。

ビジネスの存在意義は、世の中の課題を解決することであり、人々の「もっと豊かになりたい」という想いを叶えることです。

昨今、わかりやすい事例といえば、自動車の自動運転技術でしょう。

「自動車を誰かが勝手に運転してくれたら良いな」「事故が起こらないように安全運転してくれる機能があったら良いのに」という多くの人の想いが、安全装置を進化させ、ついには自動運転の技術を生み、ビジネスによって実現するところまできています。こうした社会的課題の提起とそれらの解決努力を続けるビジネスの存在によって、人々は豊かになり、世界経済は発展しています。

人類誕生以来、世界中が「もっと少しでも豊かで幸せで素敵な社会を作ろう！」とする中、日本はそのムーブメントにこの20年間以上乗り遅れたままです。その要因となっているのが、日本の社会構造の問題です。このまま、日本の経済構造を変えられなければ、引き続き日本は世界の中で取り残されて、じわりじわりと衰退していくでしょう。

しかし、この構造は、生活者の投資行動によって変えることができます。だからこそ、私は何度となく多くの方に投資の重要性を訴えているのです。

投資は世の中の経済の動きを支え、動かすもの。より多くの方が、投資の持つ本当の意味を理解し、行動するようになれば、お金の流れが変わり、日本経済の動きも変わっていくでしょう。

「自分たった一人の行動では変わるわけがない」と思うかもしれません。でも、資本主義社会においては、小さな一人ひとりの行動の積み重ねによって、大きな成果が生まれます。その小さな動きが、社会を良くする方向へと向かうことが、日本経済をよみがえらせる一助となるはずです。

大切なのは、「自分でできることをしよう」という自立思考

「投資をしたらどうですか」と呼びかけると、ときに「本来は国民が投資などしなくとも安泰な生活が送れるように、国が守ってくれるべきだ。なのに、国は何もしてくれない」とおっしゃる方がいます。

たしかに、国には国民の生きる権利を守る義務があります。ただ、そうした「誰かがなんとかしてくれるだろう」という考え方は、非常に他責的なもので、「自分たちは夕

ダの小市民だから何もできない」と言っているのと等しいのです。

しかし、**私たち一人ひとりが意思を持って行動すれば、その意思の集積によって状況は変えられます。**

単純に表現すると、日本人はマインドとして「国が面倒みるものだ」という社会依存が非常に強い。アメリカの場合は、個人として生きる感覚が強いので、「今後降りかかる災難は、自分がなんとかしなければならない」という自立思考が根付いています。

たしかに高度経済成長期においては、高度経済成長の恩恵を、政府が国民生活者に等しく分配する機能が発揮されました。東京に富が集中しても、東京だけで独り占めしないように地方分配のシステムが整えられているから、日本はどんなに人口減少が進んでいるという県でも、きれいな駅や駅前広場があるし、高速道路が走っています。

ただし、それはあくまで経済成長という分配原資があったからこそ。いまやその原資がなくなった中で、過去の社会システムに頼っても機能しなくなって久しいのです。

いま、私たちは成長がない社会に生きています。ただ、逆に言えば、成熟した高度な国に住んでいるとも言えます。今後は自分で自律的に考えて、自らの意思と行動で豊かさを実現しなければならないのです。

「他責」ではなく、「自立」。

この意識を深めることが、大切になっていくはずです。

「国がなんとかしてくれるだろう。自分たちの生活が良くならないのは国が悪い」と考え続ける限り、現状を受け入れるしかないのです。今後は、行動した人と行動しなかった人の間で、大きく結果に差がついてしまう「行動格差社会」が生まれるでしょう。

日本に投資することの意義をもう一度考えてみよう

今般、私が新たに立ち上げた運用会社「なかのアセットマネジメント」では、世界全体を視野にいれたグローバル株ファンドに加えて、日本株も運用します。

日本株を運用するというと「日本の会社なんてダメなのに」と言われることもありま

す。

でも、日本経済がもう一段階成長軌道を大きくするためには、産業界が頑張らなくてはいけません。

その国の経済規模は、GDP、すなわち国内総生産という経済指標ではかられます。これはすなわち、産業界の付加価値の集積を意味します。産業界が一生懸命良い仕事をして、日本国内だけではなく、世界に喜んでもらえるような製品やサービスを提供して、支持されることで売上が伸びて、利益が積み上がっていきます。そして、その集積が経済成長へとつながります。

日本の経済を発展させたいのならば、産業界に頑張ってもらうために誰かが下支えし、応援する必要があります。さらに、ここが非常に肝心なところですが、応援が成果につながれば、経済成長という形で自分にも恩恵が返ってきます。

投資は「いま何かを得るための行為」ではなくて、「将来に向けてお金の価値を高めていく行為」です。

いま現在ではなくて未来が、もっと素敵で豊かで幸せな社会になるように。自分の老後はもちろん、子どもや孫たちの世代が良い未来になるようにという想いを込めてする行為。それが投資の本質です。

日本に住む人であれば、誰しも日本の社会を良くしたい、日本経済をもっと元気にしたいと思っているはずです。その意思表示として、お金を通じて行動するのが「長期投資」です。これは、「日本経済を豊かにするために、日本の産業界が必要とする産業資本を提供する」という気持ちの表れなのです。

日本が「投資立国」になれば、未来は明るい

素敵な会社に投資して、その会社が成果を上げて、社会をより豊かにして、人々にリターンとなって還元されていく。

この流れができたとき、日本はなんともすごい国になるでしょう。

日本は現時点で世界有数の成熟した先進国です。いかに世界における相対的な日本の経済力が低下したとしても、決してバカにしたものではありません。生活レベルも高いし、インフラも整っている。世界的に見ても、ミシュランの星付き料理店が圧倒的に多い美食の国でもあります。

日本人は中途半端な商品やサービスは、買いません。妥協しないので、極めてその要求は高いです。さらに言えば、世界屈指の良質な製品やサービスを「少しでも安く提供してほしい」と要求し続けてきたのです。

いずれにせよ、日本人は、世界でトップクラスに、質の高いサービスや高性能なテクノロジーを、ごく普通に要求する国民であることは間違いありません。だから、私たちがもっと良い製品やもっとおいしい食事、もっと素敵なサービスを要求すれば、日本の産業界には「もっと良い製品を作らないと納得してもらえない」「もっと良いサービスを生み出さないと喜んでもらえない」というプレッシャーが生まれ、必死で努力する。

その結果、技術や製品、サービスのレベルやクオリティが上がっていき、日本の産業を強くし、世界における対外競争力は畢竟《ひっきょう》強くなるのです。

対外競争力が回復した産業界は、きちんと売上を伸ばして、利益を上げることができるようになるでしょう。

日本の産業界をもう一回元気で強くするには、私たち生活者が自らの需要や消費欲求をいかに喚起させるかにかかっています。つまり、私たち自身が欲求を生活の中で表現して、実行する循環を作らなくてはいけないのです。

企業が力を取り戻せば、生活は豊かになる

私たちが行動した結果、企業が力を取り戻してくれれば、賃金は上がります。

2000年頃は、日本の1人あたりの所得水準は、アメリカの水準とほとんど変わらないものでした。しかし、いまはアメリカの方が断然給与は高くなり、世界的に見ても日本は置いてけぼりを食らっています。

日本の給与だけが上がらない理由は、アメリカをはじめとする世界経済が成長しているからです。日本は経済成長していないから、平均所得は上がりませんでした。**給与を上げるためには、経済を大きくするしかありません。だから、日本の産業界を強くする必要があるのです。**

これは「政府がやってくれない」「企業が悪い」という他人事ではなくて、私たち自身の行動基準が変わるとガラッと変えることができるはずなのです。

いまこそ、私が投資の立国化への絶好のタイミングだと思うのは、政府が主導してこの好循環を作ろうとしているからです。

とはいえ、「お金を使え」と言われても、自分の給料が増えなければ誰しもお金を使う気にはなれません。だから、皆の収入が増えないといけません。

これまで日本の経済は成長しないから、給与が上がりません。給与が上がらないから、モノを買うのをやめよう、あるいはもっと安いモノを買おうという思考に陥ります。こうやって皆が節約をすると、デフレが加速し、デフレスパイラルが起きます。

この循環が続いたがゆえに、日本経済は20年以上にわたってまったく経済成長できませんでした。この負のスパイラルをプラスに変えるという壮大な計画のもとに、政府が始めたのが「資産所得倍増プラン」であり、その一環である新ＮＩＳＡ制度です。「新ＮＩＳＡなど、今後、年金がなくなるから、国は国民に投資をさせて年金の尻ぬぐいをさせようとしているのだ」とおっしゃる方もいますが、そんなみみっちい話ではありません。

皆でちゃんと行動すれば、皆にリターンが返ってくるし、その素敵な体験をより多くの人に経験してほしい。結果的に、日本の内需も拡大して経済は元気になります。自分の持っているお金が新しいお金を生むという循環を、国民生活者が皆実現できれば、お金を使う気になります。新ＮＩＳＡ制度は、そんな未来を目指して始まった制度です。

皆が真っ当に長期投資をする国民文化ができれば、人々が豊かになり、将来への不安が減るので、目の前のお金を気兼ねなく使えるようになる。

そうなれば、日本の社会の光景はガラリと変わるはずです。

みなさんは、いまの光景を変えたいと思いませんか。世の中の人々が楽しくお金を使う社会を、見てみたくないですか。

「日本社会は今後衰退する一方なんだから、いくら頑張ったって駄目だ」

「日本の政治家がいい加減でいる限り、自分たちは幸せにはなれない」

と文句を言うだけの状態が続く限りは、自分自身もどんどん成長から取り残されてしまうでしょう。

もし、あなたが「それでも投資によって未来を変えられるとは思わない」というなら、それは仕方のないことですが、私は世の中を変えたいです。

自分の保全だけを考えて行動せず、社会に閉塞感をもたらすか。

それとも、自分も社会も豊かになるために行動するのか。

どちらの生き方がカッコいいのか、考えてみてください。

私は後者を選びます。

あなたは、どちらを選びますか？

長期投資家同士のコミュニティが新たな支えに？

私が前職のセゾン投信を経営していたときからいまに至るまで、数多くの個人投資家さんたちとお話をしてきました。一般の投資家さんとお話をした数でいえば、きっと私は日本で最大級に対話してきた人間の一人だと思います。

その中で気が付いたのですが、長期投資は日本ではまだまだ非常に孤独な作業だということです。

長期投資という行為は、多くの投資家さんたちの間で、「隠しておくこと」という意識が強く、周囲の人に堂々と「自分は長期投資をしています！」と大きな声では言えない環境になっています。

長期投資を続ける上では、誰だってマーケットが変動すれば不安を感じるものですが、その不安を解消する手段がありません。セゾン投信時代からずっと、お客様が不安を感じたときは、セミナーに来て、私や周囲の人と話すことで安心感を得て、帰ってくださることが多かったのです。

自分の投資行動が正しいのかを、確認すること。これは、長期投資を続ける上では、とても大切なルーティンです。

その際に強く感じたのは、投資について相談できる仲間の必要性です。世の中にいる多くの長期投資家の方々は、心配と孤独に向き合っていると思います。

最近は動画などの普及で、運用者の状況説明などを耳にできる機会も増えてきましたが対話はできません。そのため長期投資をしている人が安心して相談できる機会を設けるため、前職のときにお客様のための相談室を設けました。

そして相談室を通じてさらに必要だと感じたのは、コミュニティの存在です。長期投資をする人は北海道から沖縄までいるのですが、投資家同士が接する機会がなかなかありません。でも、いまの時代ならオンラインを通じて仲間を作ることができます。

不安を感じた人には、誰かが励ましたり、教えたりする環境を整えることで、投資をより楽しみ、長く継続することができます。そんなコミュニティが、これからの社会的需要になると確信的に考えており、なかのアセットマネジメントではそうしたサービス機能を構築して、本格的な長期投資仲間を増やしていくつもりです。

長期投資という共通の趣味、共通の価値観を持ち、人間関係を育む。

これまでの日本は、会社組織が、大きな心の拠《よ》り所《どころ》となっていました。でも、終身雇用が壊れ、会社という精神的な支柱がなくなる中、人々は人生の拠り所を求めています。

その中で長期投資を続ける仲間同士が、共通価値と共感でつながるコミュニティを構成する。そんな新たな共同体を立ち上げて、長期投資仲間のひとりとして、私自身も貢献していきたいと思っています。

おわりに

ここまで散々長期投資をしてほしいと言い続けてきましたが、何回も読み直さないと、心から納得できない方も多いでしょう。しかし、この話をただのお花畑の理想論だと受け止めないでください。

私自身、日本全国1億2000万人が全員共感して長期投資を利用することはないだろうとわかっています。

今後NISAがどれだけ普及しても、一定数の人々は、預貯金のままにしておこうと思うでしょうし、あるいは一攫千金の投機に走る。おそらく、長期投資をしようと考える方は全体の3分の1程度でしょうか。

無論、皆が政府に「投資をしなさい」と声をかけられたからといって、「右へ倣え」と一斉に投資をし始めるような風潮は全体主義国家のようで気色悪いものです。

長期投資に参加するか、短期的投機に溺れるか、さもなくば預金一辺倒に執着するか。それらを選べるのは、健全な民主主義社会の在り方なのでしょう。どれを選ぶかは、その人の自由だし、価値観にも照らし合わせて考えるべきだと思います。

むしろ、3人に1人でも長期投資をしてくれたら、大成功だと言えるのではないでしょうか。

そして3人に1人でも長期投資を選ぶようになれば、日本社会は変わります。

国民全体に平均的な賃金アップの循環をもたらすためにはマクロでの経済成長が不可分です。労働対価が増えていくサイクルが安定的に回ることによって、生活者は節約が正義という風潮から脱却して、消費購買意欲を取り戻すことができるのです。

「旅行をしようかな」

「いつもより、おいしいものを食べに行こうかな」

「新しい服を買おうかな」

「車を買い替えようかな」

……これが消費欲求であり、内需拡大の前提でありましょう。

日本の人々全体がその意識を抱き、消費を増やしていけば、国内産業界はそれにこたえるために、一生懸命良いものを提供していきます。そのプラスサイクルに、多くの長期投資家が運用成果というもうひとつの所得を享受する構造が付加されたならば、いよいよ日本はダブル所得の定着で楽観社会を取り戻せるのです。しみったれたデフレ文化や日本はもうダメだといった自虐の風潮を打破して、元気な日本を取り戻すため、長期投資に参加する。

皆で行動する長期投資の先にある未来を、ぜひあなたと一緒に作っていきたいと思います。

スタッフ

◉編集協力：津田由理子
◉構成：藤村はるな
◉装幀：井上新八
◉組版：キャップス
◉校閲：麦秋アートセンター
◉帯写真：小黒冴夏
◉編集：立原亜矢子

中野晴啓（なかの・はるひろ）

なかのアセットマネジメント代表。1963年、東京生まれ。明治大学商学部卒業。セゾングループの金融子会社にて債券ポートフォリオを中心に資金運用業務に従事した後、投資顧問事業を立ち上げ運用責任者としてグループ資金の運用のほか外国籍投資信託をはじめとした海外契約資産等の運用アドバイスを手がける。2006年セゾン投信を設立、2007年4月代表取締役社長、2020年6月より代表取締役会長CEO就任。2023年6月退任後、同年9月なかのアセットマネジメント設立。全国各地で講演やセミナーを行い、社会を元気にする活動とともに、積み立てによる資産形成を広く説き「つみたて王子」と呼ばれる。公益財団法人セゾン文化財団理事、公益社団法人経済同友会幹事ほか、投資信託協会副会長、金融審議会市場ワーキング・グループ委員等を歴任。

誠実な投資
お金から自由になれる「長期投資」の鉄則

第１刷　2024年４月30日

著　者　中野晴啓
発行者　小宮英行
発行所　株式会社徳間書店
〒141-8202 東京都品川区上大崎 3-1-1 目黒セントラルスクエア
電話 編集(03) 5403-4344　販売(049) 293-5521
振替 00140-0-44392

印刷 製本　三晃印刷株式会社

ISBN978-4-19-865801-4